風土記と古代の神々

もうひとつの日本神話

瀧音能之

平凡社

目次

はじめに

「日本神話」という言葉それ自体は普段よく用いられる。しかし、日本神話の実体をわたしたちは正しく把握しているであろうか。ともすれば、『古事記』や『日本書紀』にみられる神話をもって日本神話といっているのではなかろうか。そして、こうしたことが、意識的にでも、無意識的にでも一般の認識になっているのではなかろうか。もし、そういうことが多少でもあるとすれば、日本神話を考える上で見逃すことのできない問題点といえるであろう。

いうまでもなく、日本神話は「記・紀」の神話だけではないからである。たしかに、「記・紀」神話は分量も多く、内容も体系化されていて、日本神話全体における割合は、他書と比較すると、突出しているといえる。しかし、そうではあっても、あくまで日本神話という言葉を用いるのであれば、日本の神話の全体像を考えるべきであろう。しかし、このことは、言うのは簡単であるが、行うのは容易ではない。それでは、一体どうしたらよいのかが問題になってこよう。こうしたことをふまえると、少なくとも「記・紀」とほぼ成立を同じくする『風土記』や『万葉集』、また『先代旧事本紀《せんだいくじほんぎ》』などの書物について考慮する必要があるといえる。

その中でもとりわけ、『風土記』は、地名の由来をのべる際などに、神話が多用されており、それらの中には「記・紀」にはみられないものも多く含まれている。日本神話を考えるときには、「記・紀」神話と共に、これらの神話に目を向けることが不可欠といえるであろう。

また、かつては、『古事記』と『日本書紀』とを無批判に総称して「記紀」とか「記紀神話」とかといった使い方がなされており、現在でもこうした例がみられる。しかし、一方では、『古事記』と『日本書紀』とでは、成立の事情などをはじめとして、相違点も多く、両書をひとくくりにすることには問題があるという指摘もなされている。これは正当な主張であり、本書の基本姿勢もこれにならっている。ただ、本書では、中央政府によってまとめられた『古事記』『日本書紀』に対して、地方の国単位で編纂された『風土記』という対峙を重視して、「記・紀」と『風土記』とか、「記・紀」神話と『風土記』の神話とかといった使い方をしている。いささかまぎらわしいが、ご理解いただきたい。

さて、このように考えて、本書では、まず、Ⅰにおいて「記・紀」神話の体系を可能な限り、諸国の『風土記』の内容でカバーするという意匠を試みた。こうした試みには、無理が生じることは十分に想定される。それは「記・紀」神話は、さまざまな史料を用いながら、天皇家による日本列島の支配の正統性を神話的に主張することを目的としており、そこへ収斂していくために創り上げられたものであるからである。しかしながら、そうであるならば、そのために使われたさまざまな史料の中には、『風土記』に関するものもあったであろうことは十分に推測されることであり、「記・紀」神話の中にその痕跡がみられる可能性があるのではなかろうか。もし、そうしたことが可能であるならば、「記・紀」神話と『風土記』の神話との間に新しい関係性を見出すことができるように思われる。

次いで、Ⅱでは「記・紀」ではあまりとりあげられていない地域の神や神社について、主に『風土記』を用いて、その実像を追いかけてみた。このことによって、「記・紀」以外にもユニークで重要な神話があることを少しでも提示できたらと思う。

二〇一八年八月十七日

瀧音能之

I

風土記からみた「記・紀」神話

1　天地開闢神話

日本神話のはじまり

『古事記』や『日本書紀』の神話、すなわち、「記・紀」神話は、体系神話といわれる。それは、天地のはじまりからスタートして、ストーリー性をもって神話が展開され、国譲り、そして、天孫降臨へとつながりをもって構成されているからである。

しかしながら、『古事記』と『日本書紀』を具体的にみていくと、内容的に相違がみられるところもあることに気がつく。たとえば、「記・紀」神話は天地開闢《かいびゃく》からはじまるわけであるが、『古事記』では、天地《あめつち》初めて発《ひら》けし時、高天原《たかまがはら》に成れる神の名は、天之御中主神《あめのみなかぬしのかみ》。

という書き出しからはじまっている。ここから明らかなように、『古事記』では、天地が分離したときから書きはじめられているのである。ところが、同じ『古事記』でも、太安万侶《おおのやすまろ》によって書かれた序をみると、

混元既《すで》に凝《こ》りて、気象未《いま》だ効《あらは》れず。名も無く為《わざ》も無し。誰かその形を知らむ。

となっている。格調の高い書き出しであるが、要は「気象」、すなわち、自然界の現象がカオスの状態で、はっきりと分離していないというのである。この点、本文とは相違をみせている。

『古事記』の本文と序とが、そのあとどのように展開していくかというと、本文では、アメノミナカヌシ神に続いて、タカミムスヒ神・カミムスヒ神が誕生している。一方、序の方は、

然《しか》れども、乾坤《けんこん》初めて分れて、参神造化の首《はじめ》となり、陰陽ここに開けて、二霊群品の

祖《おや》となりき。

とある。つまり、本文と同様に三神が誕生し、そして、イザナキ神・イザナミ神が万物の祖となったとある。

また、『日本書紀』の方は、

古、天地未だ割《わか》れず。

ではじまっている。つまり、天地が未分離の状態からスタートしている。そのあと、天ができ、さらに、地が定まった。そのとき、天地の中にあしかびのような神が誕生した。この神がクニノトコタチ神であるという。そのあと、クニノサツチ・トヨクムの両神が生まれたとある。

さらに、『日本書紀』は、「一書《あるふみ》」と称して、別伝承を載せており、神代には特にこの一書が多くみられる。天地開闢に関しては、合わせて六つの別伝承がみられる。それらのうち、たとえば、第一の一書は、天地が初めて分かれたとき、クニノトコタチ神が生まれたとある。この神には、クニノソコタチ神という別名が記されている。ついで、クニノサツ

天地開闢神話の始まり方

		天地分離	未分離
『古事記』	序		○
	本文	○	
『日本書紀』	本文		○
	第１の一書	○	
	第２の一書	○	
	第３の一書		○
	第４の一書	○	
	第５の一書		○
	第６の一書	○	

チ神が生まれたが、この神もクニノサタチ神という別名をもっている。さらに、トヨクニヌシ神が生まれたが、この神は、七つの別名をもっている。

　第二の一書は、まだ、国が若くておさなかったとき、ウマシアシカビヒコジ神が出現し、そののち、クニノトコタチ神、ついでクニノサッチ神が生まれたとある。第三の一書では、天地が未分離でカオスの状態のとき、はじめて神人《かみ》があらわれた。その名はウマシアシカビヒコジ神であり、次にクニノソコタチ神があらわれたとあり、第四の一書には、天地がはじめて分かれたとき、クニノトコタチ神が生まれ、続いてクニノサッチ神が生まれたとある。第四の一書には別伝承がついており、高天原に生まれた神は、アメノミナカヌシ神、次にタカミムスヒ神、次にカミムスヒ神であるとしている。

　第五の一書には、天地がまだ分離していないときに、クニノトコタチ神が生まれたとある。

最後の第六の一書は、天地が分離したとき、アメノトコタチ神が生まれ、次にウマシアシカビヒコジ神が生まれ、さらに、クニノトコタチ神があらわれたとしている。

このように、「記・紀」によって天地開闢をみてみると、大筋では類似しているといえるが、細部では異なるところも少なくないことがわかる。特に、天と地とが分離した状態で始まるか、それとも未分離のとき始まるかは興味深い差異といえよう。また、誕生する神の名称と登場する順とが微妙に違う点も注目される。とりわけ、最初にあらわれる神が、大まかにいって『古事記』と『日本書紀』とでは違っていることはみのがせない。

最初に登場する神

「記・紀」神話の中で一番目に姿をあらわす神は、『古事記』ではアメノミナカヌシ神であるのに対して、『日本書紀』の本文ではクニノトコタチ神となっている。クニノトコタチ神は『古事記』にも登場するが、それに比べてアメノミナカヌシ神はきわめてウェイトが低い。わずかに第四の一書に別伝承という形で登場するくらいである。一書は、それ自体、別伝承であるから、いわば別伝承のなかの別伝承ということになる。

つまり、『古事記』では、最初の神としてアメノミナカヌシ神があらわれるのに対して、

アメノミナカヌシとクニノトコタチ

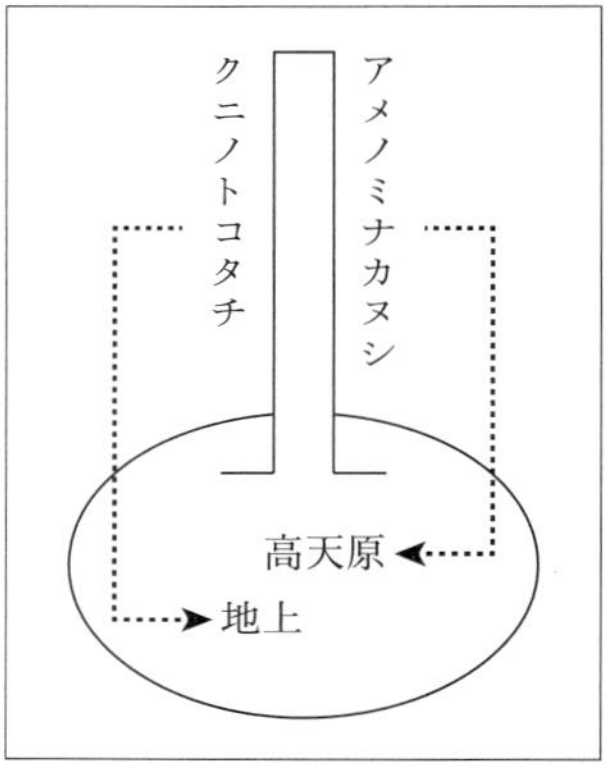

『日本書紀』はクニノトコタチ神を最初の神として認識しているといえるのである。アメノミナカヌシ神のアメ、すなわち「天」は天神のいる高天原をさしていると考えられる。また、ミナカは神々の中央ということである。ヌシは主人でよいであろう。とすると、アメノミナカヌシ神とは、高天原にあって神々のなかで中心的な位置を占める主人ということになる。

一方、クニノトコタチ神はというと、クニは天に対しての国であり、高天原に対する地上ということになろう。トコタチは、意味的には「床立」であるとされており、土台が姿をあらわすということである。つまり、クニノトコタチ神という神は、地上に大地が姿をあらわし、そこにしっかりと立っている神ということであり、そこからうかがえるのは、永久的な支配者のイメージである。したがって、『古事記』のアメノミナカヌシ神が高天原の中心というのに対して、『日本書紀』のクニノトコタチ神は、地上の支配者という意味合いが強く感じられる。

『風土記』の天地開闢神話

「記・紀」にみられる天地開闢神話は、いくつかの問題点を含みながらも、大筋においては共通性がみられた。それに対して、地元で作られた『風土記』には、どんな伝承がみられるのかというと、『常陸《ひたち》国風土記』に興味をひかれる記載がみられる。

それは、香島《かしま》郡の条であり、

清めると濁れると糺《あざな》はれ、天地の草昧《ひるくら》より已前《さき》、諸祖天神《かみるみかみるき》俗、賀味留弥・賀味留岐といふ、八百万《やほよろず》の神たちを高天原に会集《つど》へたまひし時、諸祖神、告《の》りたまひしく、「今、我が御孫命《みまのみこと》の光宅《しら》さむ豊葦原水穂国《とよあしはらみづほのくに》」とのりたまひき。

とある。これによると、天地開闢の以前のカオスの状態にあるとき、カミルミ・カミルキ両神が高天原に神々を集めて、地上は御孫命、すなわちニニギ命が統治することを宣言している。

この伝承からは、二つの要素を指摘することができる。前半部分は、天地開闢神話の要素であり、「天地の草昧より已前」とあることから天地が未分離の状態からスタートしているといえる。また、後半部分からは、カミルミ神とカミルキ神が「八百万の神たち」を集めて豊葦原水穂国は、アマテラス大神の孫であるニニギ命が支配する国であると宣言しているのであるから、国譲り神話と天孫降臨神話の要素がみられるといえよう。

さらに、伝承の続きを追うならば、

高天原より降《くだ》り来し大神、名は香島天の大神と称《い》ふ。天にては則ち、日香島の宮と号《なづ》け、地にては則ち、豊香島の宮と名づく。

とあって、高天原から地上に天降りした神は香島天の大神であるとのべている。さらに、この名については、高天原での呼称は日香島の宮といい、地上では豊香島の宮というとある。ここは、鹿島神宮の起源伝承とされており、とするならば、香島天の大神は鹿島大神すなわち、タケミカヅチ神ということになる。しかし、香島天の大神については、『常陸国風土記』の香島郡の条に、「天の大神社・坂戸社・沼尾社、三処を合せて、惣《す》べて香島天の大神と称ふ」と記されている。これによると、香島天の大神とは、これら三社の総称ということになる。現在、坂戸社と沼尾社はともに鹿島神宮の摂社としてそれぞれ鹿島市山之上と鹿島市沼尾とに鎮座している。

ちなみに、『常陸国風土記』には、タケミカヅチ神の名はでてこない。これらのことから、香島天の大神は一般的には、「記・紀」の国譲り神話にみられるタケミカヅチ神のこととされるが、これを疑問視する考えもみられる。

『常陸国風土記』の伝承にもどるならば、最後に、割注の形で、

俗《くにひと》いへらく、豊葦原水穂国を依《よ》さしまつらむと詔《の》りたまへるに、荒ぶる神等、又、石根《いはね》・木立《こだち》・草の片葉も辞語《ことど》ひて、昼は狭蠅《さばへ》なす音声《おとな》ひ、夜は火の光明《かがや》く国なり。此

坂戸神社

写真提供：鹿島神宮

沼尾神社

写真提供：鹿島神宮

を事向《ことむ》け平定《やは》さん大御神と、天降り供《つか》へまつりき。

と記されている。すなわち、香島天の大神が天降りした際の地上の様子が描かれており、それによると、荒ぶる神たちが横行し、石や木や草の葉一枚までもがうるさく言葉を発するといった騒々しい状況であったという。さらには、昼は蝿が騒がしく飛び回り夜は光が煌々と輝くといった無秩序の世界であったとのべている。そのような葦原水穂国を平定するために遣わされたのが香島天の大神であるというのであるから、この部分にもまさに国譲りの要素が入っているといってよいであろう。

登場する神は異なるものの、これと類似した伝承が信太《しだ》郡の高来《たかく》里の条にも残されている。

古老のいへらく、天地の権輿《はじめ》、草木言語《ことど》ひし時、天より降り来し神、み名は普都大神《ふつのおほかみ》と称す。葦原中津国を巡り行《い》でまして、山河の荒梗《あらぶるかみ》の類を和平《やは》したまひき。大神、化《こと》道已《むけすで》に畢《お》へて、み心に天に帰らんと存《おも》ほしき。即時《そのとき》、身に随へまし器仗の俗、伊川乃《いつの》といふ。甲・戈《ほこ》・楯・剣、及執《またと》らせる玉珪《たま》を悉皆《ことごと》に脱履《ぬ》ぎて、茲《こ》の地に留め置き、即ち白雲に乗りて蒼天に還り昇りましき。

これがその伝承であり、ここでは、香島天の大神ではなく、普都大神となっているが、伝承の内容、特に前半は香島天の大神のものとほぼ同様といってよいであろう。すなわち、天地の初めのとき、普都大神が葦原中津国に天降りしたというのである。そして、荒ぶる神たちを平定し、そののち、身につけていた武器類や玉などすべての物をとりさり、白雲に乗って天へ帰っていったとしている。この後半部分は国譲り神話の要素とみてよいであろう。したがって伝承の内容は異なるものの、国譲り神話の要素という点では、香島天の大神の伝承と同様といってさしつかえないであろう。ここに登場する普都大神は、一般にはフツヌシ神のこととされ、香島大神（鹿島大神・タケミカヅチ神）とともに「記・紀」の国譲り神話で活躍する武神とされている。

このように、『常陸国風土記』にも天地開闢神話はみられるのであるが、そこには単に天地が未分離であるということの他に国譲り神話の要素も加えられている。この点、「記・紀」にみられる天地開闢神話と比較すると、明らかに未整理であり、スマートさに欠けるといえる。しかし、このことは、わたしたちが一般に目にする「記・紀」神話とはまた異なった一面を『風土記』の神話はみせているということであり、そして、いうまでもなく『風土記』の神話もまた日本神話であることは言をまたない。

2　国生みと国引き

国土創生神話

日本神話のなかで国土の創生というと、まずイザナキ神とイザナミ神とによる国生み神話が思いおこされよう。この国生み神話は、「記・紀」神話のなかでもよく知られたもののひとつである。

いま『古事記』によって、そのおおよそをみるならば、諸々の天神から「このただよへる国を修理《をさ》め固め成せ」と命じられた伊耶那岐《いざなき》命・伊耶那美《いざなみ》命が天沼矛《あめのぬぼこ》を賜わって、天浮《あめのうき》橋《はし》に立って沼矛で海水をかきならして淤能碁呂島《おのごろじま》をつくったところからはじまる。ついで、両神は淤能碁呂島に天降って、そこを拠点として現在の淡路島にあたる淡道《あわじ》之《の》穂《ほ》之《の》狭別島《さわけのしま》をはじめとする島々を生むことになる。

このように、日本神話で国土の創生といった場合、〈国生み〉という形態を考えるのが一般的であるが、『出雲《いずも》国風土記』をみると、それとは異なった〈国引き〉というスタイルがみられる。国引き神話といわれるものであり、『出雲国風土記』のなかにおいて、まさしく出雲国の創生神話として重要なウェイトを占めているのであるが、興味深いことには「記・紀」神話ではまったくふれられていない。こうした「記・紀」と『出雲国風土記』との間にみられるギャップは、やはり注目すべき点といえるであろう。

もっとも、〈国引き〉という行為それ自体は、『出雲国風土記』のみに限ってみられるものではない。たとえば、『万葉集』の東歌《あずまうた》のなかには、

多胡《たご》の嶺《ね》に寄綱延《よせつなは》へて寄すれども
あに来《く》やしづし　その顔よきに

という一首がみられる。これは、相聞《そうもん》、つまり恋の歌であり、多胡の嶺に綱をかけて引き寄せるように恋しい人を自分のもとに引き寄せたいという内容である。この歌は、国を引くのではなくて山を引き寄せるというものであるが、形態的には国引きと同類とみなして

よいであろう。
また、『延喜《えんぎ》式《しき》』のなかの祈年祭の祝詞をみると、

狭国者広久。峻国者平久。遠国者八十綱打挂弖引寄如事。

とあって、遠い国を八十綱打ちかけて引き寄せるという表現がみられる。
このように、〈国引き〉という形態は『出雲国風土記』以外にもみいだせるのであるが、そうであるならばなおさら、この国引き神話が「記・紀」神話にひとことも載っていないということは興味をひかれる。

国引き神話

まず、『出雲国風土記』によって国引き神話の内容を追ってみたい。この神話は、意宇《おう》郡の地名由来としての役割を果たしており、その冒頭に、

意宇と号《なづ》くる所以《ゆゑん》は、国引きましし八束水臣津野命《やつかみづおみづののみこと》、詔《の》りたまひしく、「八雲立つ出

雲国は、狭布《さの》の稚国《わかくに》なるかも。初国小さく作らせり。故《かれ》、作り縫はな」と詔りたまひて（……）

とある。すなわち、八束水臣津野命が出雲国は初め小さく造ってしまったので国を縫い合わせて大きくしようと語って国引きをはじめるわけである。そして、合わせて四回の国引きをおこなうのであるが、最初に国引きの対象となったのが新羅《しらぎ》ということになる。

「栲衾《たくぶすま》、志羅紀《しらぎ》の三埼《みさき》を国の余りありやと見れば、国の余りあり」と詔りたまひて、童女《をとめ》の胸鉏《むなすき》取らして大魚のきだ衝《つ》き別けて、はたすすき穂振り別けて、三身の綱うち挂《か》けて、霜黒葛《しもつづら》くるやくるやに、河船のもそろもそろに国来《くにこ》々々《くにこ》と引き来縫《きぬ》へる国は、去豆《こづ》の折絶《をりたえ》より八穂爾支豆支《やほにきづき》の御埼《みさき》なり。此《か》くて堅め立てし加志《かし》は、石見《いはみ》国と出雲国との堺なる名は佐比売《さひめ》山、是なり。亦、持ち引ける綱は、薗《その》の長浜《ながはま》、是なり。

これがその様子であり、志羅紀、すなわち朝鮮半島の新羅から国の余っている部分を引いてきて縫い合わせたのが去豆から支豆支（杵築）の御埼にかけての地域であるとしている。さらに、このとき国を引くのに用いた綱が薗の長浜であり、その綱をかけるための杭

三瓶山

になったのが佐比売山、すなわち三瓶山《さんべさん》であると記している。実にスケールの大きい神話であり、続けて、

亦、「北門《きたど》の佐伎国を国の余りありやと見れば、国の余りあり」と詔りたまひて、童女の胸鉏取らして大魚のきだ衝《つ》き別けて、はたすすき穂振り別けて、三身の綱うち挂けて、霜黒葛くるやくるやに、河船のもそろもそろに国来々々と引き来縫へる国は、多久《たく》の折絶より狭田《さだ》国、是なり。

とあり、北門の佐伎国から国引きをおこない、多久から狭田国にかけての地域を造ったと記している。北門からは、このあとさらにもう一回、国引きをおこなっている。北門の良波《らは》国からのもので、この結果、宇波《たしみ》から闇見《くらみ》国にかけての地域が形成されたことになっている。国引きの最後は越《こし》からのもので、その様子はというと、

国引き神話の舞台

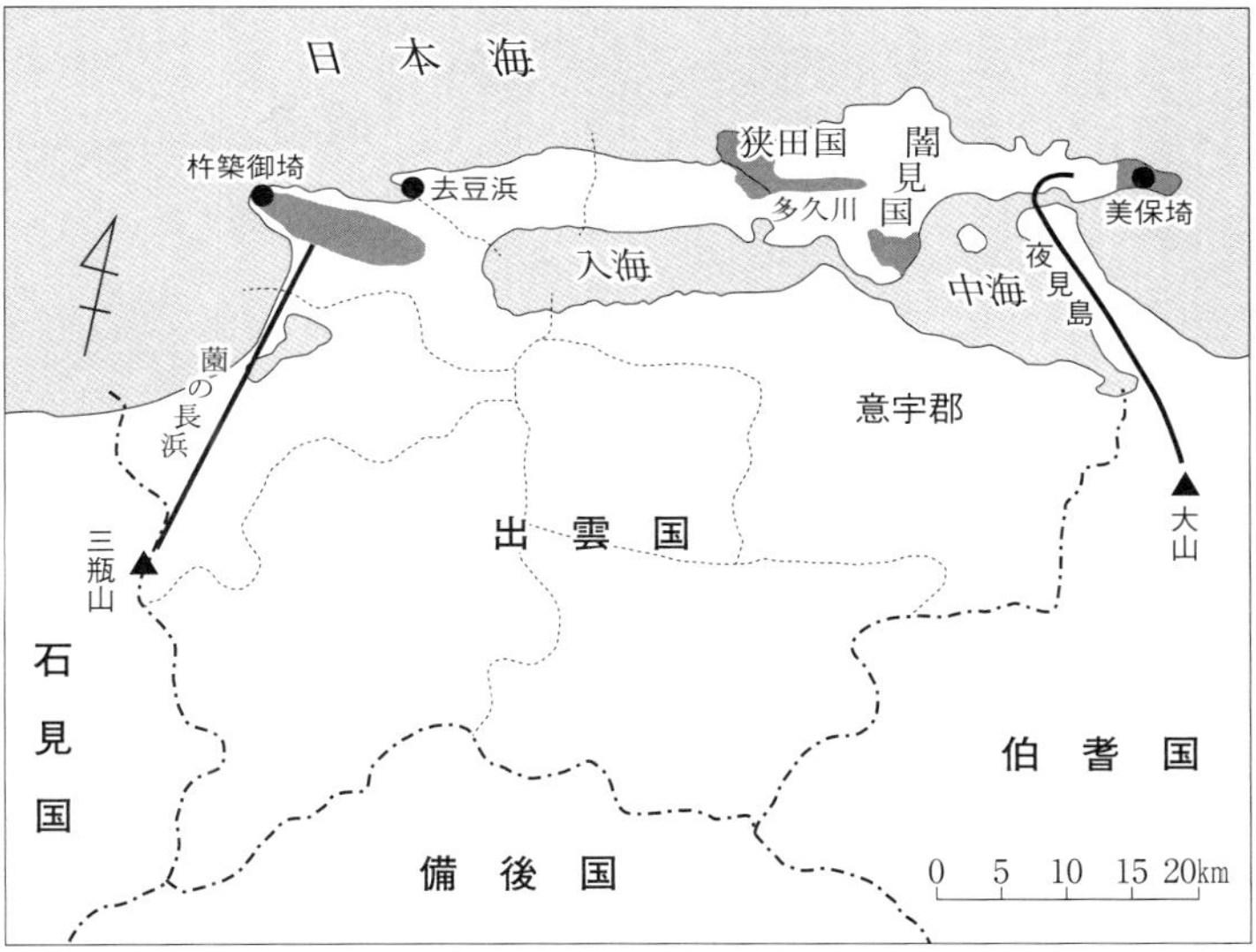

亦、「高志《こし》の都都《つつ》の三埼を国の余りありやと見れば、国の余りあり」と詔りたまひて、童女の胸鉏取らして大魚のきだ衝き別けて、はたすすき穂振り別けて、三身の綱うち挂けて、霜黒葛くるやくるやに、河船のもそろもそろに国来々々と引き来縫へる国は、三穂埼なり。持ち引ける綱は、夜見《よみ》島なり。堅め立てし加志は、伯耆《ははき》国なる火神岳《ひのかみだけ》、是なり。

とある。高志は越のことであり、現在の北陸地方に相当する。そこから国を引いてきて三穂埼、すなわち美

国引き神話の概要

引いてきた地域	形成された地域
①志羅紀の三埼	去豆の折絶から支豆支御埼
②北門の佐伎国	多久の折絶から狭田国
③北門の農《（良）》波国	宇波の折絶から闇見国
④高志の都都の三埼	三穂埼
	島根半島

保埼のあたりを造ったというのである。そのさい、用いられた綱が夜見島（弓ヶ浜）であり、その綱をかけるための杭が火神岳であるとしている。火神岳は現在の大山《だいせん》のことである。

弓ヶ浜

このようにして、四回の国引きをすべて終えたあと、八束水臣津野命は、

「今は、国は引き訖《を》へつ」と詔りたまひて、意宇の社《もり》に御杖《みつゑ》衝き立てて、「おゑ」と詔りたまひき。

と語るのである。この最後の言葉である「おゑ」がとりもなおさず、意宇郡の地名由来であり、

故、意宇といふ。謂《い》はゆる意宇の社は、郡家（こほりのみやけの東北の辺、田の中にある墪《こやま》、是なり、囲《かく》み八歩ばかり、其の上に一もとの茂れるあり。

として、国引き神話は終わっている。以上の内容からわかるように、この神話の主人公は八束水臣津野命である。そして、この神が出雲国の領域を拡大するために各地から国を引いてくるわけであり、その結果、四つの地域ができあがるのであるが、この四地域とは全体的にみると、現在の島根半島に他ならない。

国引き神話の基盤

みたように、国引き神話は、非常に雄大なスケールをもっており、そのため机上の制作によるものとする説もみられるが、現在では民間伝承を基盤としたものであるという見解

が定説化していると考えてよいと思われる。すなわち、いまわたしたちがみることのできる国引き神話それ自体は、『出雲国風土記』を編纂した出雲国造《くにのみやつこ》らによって最終的に形づくられたものではあるが、それは机上におけるまったくの創作というのではなくて、民間に語りつがれていた伝承を母体としたものであるということである。八束水臣津野命が国引きをするたびにリフレーンのようにくり返される「童女の胸鉏取らして……」というフレーズなどは、そうした原形部分の名残りであるともいわれている。

それでは、この国引き神話の基盤はどこにあるのであろうか。つまり、国引き神話はどうして生まれたのか、ということが問題になってこよう。この点について結論を先にのべるならば、島根半島の地形がこの神話を生み出したといえよう。

ここでもう一度、国引き神話を見直してみよう。そもそも国引き神話は、全部で四か所から国を引いてくるのであるが、二回目と三回目の国引きにさいしては、綱と杭とについての記述がみられない。つまり、北門からの国引きについては、引いてくるにあたっての小道具ともいうべき綱・杭の説明がないのである。神話のスタイルからすれば、綱と杭とがそろっていた方が、ない場合よりはるかに完成度は高いといえる。それにもかかわらず、北門からの二回の国引きにはそれらがみられないのはどうしてであろうか。この疑問に対して、わたしは、北門からの国引きが新羅や北陸からのものより、神話的に未完成で素朴

島根半島の海岸部

郡名	埼	浜	島	渡	浦	計
意　宇	0	1	7	0	0	8
島　根	8	18	53	2	3	84
秋　鹿	0	1	4	0	0	5
楯　縫	2	6	3	0	0	11
出　雲	3	10	12	0	1	26
神　門	0	0	1	0	0	1
合計	13	36	80	2	4	135

（内陸部の飯石郡・仁多郡・大原郡は除外）

な要素を残していると考えている。つまり、北門からの国引きが、国引き神話の原初的な部分であるということである。

このようにとらえて、あらためて島根半島の景観に目をやると、半島全体は海抜二五〇〜三〇〇メートルの丘陵地となっており、東西は約六五キロメートル、南北は約五〜二〇キロメートルというきわめて細長い地形を示している。さらに、海岸部に注目すると、東部と中央部・西部とでは大きな相違がみられる。すなわち、東部はリアス式海岸となっていて漁港としての好条件を備えている。それに対して、中央部から西部にかけての海岸部は断層崖となっている。

こうした状況は、もちろん現在のものであるが、『出雲国風土記』がまとめられた天平五年（七三三）当時においても、おおむねあてはまるように思われる。というのは、『出雲国風土記』にみられる半島部の浜・埼・島などの数を郡ごとに集計してみると、東部に相当する島根郡が圧倒的に多い。それに対して、中央部から西部にかけて位置する秋鹿《あいか》郡・楯縫《たてぬい》郡は浜・埼・島などの数が明らかに少ない。このことは、とりもなおさず海岸線の状況が半島東部の島根郡が最も複雑で、秋鹿・楯縫の両郡は島根郡よりも単調であったということをものがたっている。そして、国引き神話にみられる闇見国と狭田国とが島根郡の中央部から西部、および秋鹿郡の東部を占めていることは単なる偶然とは思えない。

つまり、これらの地域を生活の場としていた当時の人々は当然のことながら、こうした地形の大きな相違について不思議に感じ、さまざまなことを考えたのではなかろうか。その結果、彼らの解釈として生まれたものが、国を引いてきて縫い合わせた、ということなのではなかろうか。島根半島の東部と中央部・西部との間にみられる海岸線の大きな相違は、国を分けとってきて縫い合わせたという表現にいかにもふさわしい。このような地形を背景として生み出された民間伝承が、国引き神話としてまとめあげられていったと考えられる。

八束水臣津野命について

次に、国引き神話の主人公である八束水臣津野命についてみてみたい。この神は、国引きの神として『出雲国風土記』のなかでは、「天の下造らしし大神」とたたえられ最高神とされる大穴《おおな》持《もち》命につぐ位置を占めている。そればかりか『出雲国風土記』では、八束水臣津野命が「八雲立つ」とのべたことが「八雲立つ出雲」というようになった由縁であると記しており、国号由来の神ともされている。この「八雲立つ」という表現は出雲にかかる枕詞として有名であり、「記・紀」にもみることができるが、「記・紀」ではスサノオ神がこの言葉をのべたことになっている。そして、『古事記』のスサノオ神の神統譜をみると、そのなかに「淤美豆奴神」として八束水臣津野命の姿をかいまみることができるが、もちろん『出雲国風土記』にはこうした関係はみられず、両神はまったく別系統の神となっている。

スサノオ神の神統譜

須佐之男命
←八島士奴美神
←布波能母遅久奴須奴神
←深淵之水夜礼花神
←淤美豆奴神
←天之冬衣神
←大国主神（大穴牟遅神・葦原色許男神・八千矛神・宇都志国玉神）

そもそも八束水臣津野命とはどのような神なのであろうか。この点については、神名をめぐってさまざまな解釈がみられるが、武田祐吉氏・加藤義成氏・水野祐《ゆう》氏の三氏によってほぼいいつくされているように思われる。三氏とも八束水臣津

神名をめぐる解釈

	武田説	加藤説	水野説
神名の区切部分	〈八束水〉＋〈臣津野命〉	〈八束水〉＋〈臣津野命〉	〈八束水〉＋〈臣津野命〉
八束水の解釈	手ですくいあげた水の量が多いことか？	数尺も増水した深い水の意味	長い水路を形容した言葉
臣津の解釈	大水	大水	大水
野の解釈	ノと読み敬称	ヌと読み主のこと	ヌと読み主のこと
神名全体の解釈	大水を意味する神	大水の主宰神	細長くつらなった入海の水の神聖な主宰神

野命の神名の全体的な解釈としては、水の主宰神ということでおおむね統一的な見解がなされている。また、神名を「八束水」＋「臣津野命」と分けてとらえる点も共通している。さらに、「臣津」に関しても大水と解釈されており、この点も共通である。相違点がみられるのは、「八束水」をめぐる解釈である。すなわち、武田氏は手ですくいあげた水の量の多さが八束であるとされ、加藤氏は増水した深い水であるとしている。それに対して、水野氏は長い水路のことであるとされている。

そこで、三氏の解釈をふまえて、『出雲国風土記』にみられる八束水臣津野命の表記に

八束水臣津野命の表記

記載箇所	表記例
総記	八束水臣津野命
意宇郡	(国引坐)八束水臣津野命
島根郡	(国引坐)八束水臣津野命
出雲郡(杵築郷)	八束水臣津野命(之国引給)
出雲郡(伊努郷)	(国引坐)意美豆努命
神門郡	意美豆努命(之国引坐時)
古事記	淤美豆奴神

神名の構造

八束水＋臣津野命
＝
意美豆努命

ついて検討してみると、「八束水臣津野命」と「意美豆努命」という二種類のものがみられる。しかし、『出雲国風土記』の冒頭部分の総記の条を除くと残りのすべての箇所の記載には必ず「国引」という言葉がついているのが印象的である。このことは、とりもなおさず八束水臣津野命と国引きという行為とがきわめて密接な関係をもっているということをものがたっている。つまり、八束水臣津野命すなわち国引きの神というわけである。さらに「意美豆努命」という表記を考え合わせるならば、「八束水」は装飾的な役割を果たしていると考えられる。ここから、八束水臣津野命の神名の本質的な意味は、「臣津野命」の方にあると考えることができる。そして、この神名がもっている意味としては、やはり、大水の主宰神、すなわち水の神とするのがもっとも妥当と思われる。

また、装飾的と考えた「八束水」をどのようにとらえるかも問題であるが、この点の解明のキー・ポイントは、やはり八束水臣津野命が何をさておいても国引きの神であるということにあるように思われる。つまり、あくまでも国引き神話のなかで「八束水」を解釈しなければならないということである。「八束水」は「八束」と「水」とが組み合わさったものであり、意味的には長い水と考えるのが穏当であろう。そこで、国引き神話のなかで長い水という意味にあてはまるものを考えていくと、国引きのさいの綱が思いおこされる。いうまでもなく神話という次元においてであるが、海上はるか新羅や北陸などにまでまっすぐに伸びている綱は、まさしく細長い一本の水を連想させ、「八束水」という形容にふさわしいのではなかろうか。

北門をめぐって

最後に、北門という地名についてふれてみたい。四か所からの国引きのうち、一度目の新羅と四度目の越からの国引きについては、ほとんど問題がないのに対して、二度目と三度目の国引きに登場する北門をめぐっては従来から諸説があり、いまだに定説がみられないといってよい状況である。

しかし、北門の位置は国引きの順序から考えて、新羅と越との間であるとすることは自然であろう。このようにとらえて、あらためて地図上に北門を探すならば、隠岐が視野に入ってくる。

隠岐は、島根半島の北方約五〇キロメートルの海上に浮かぶ群島であり、大小合わせて一八〇余りの島々からなっているが、大きなものは、知夫里《ちぶり》島・西ノ島・中ノ島・島後《どうご》の四島である。そして、島後に対して他の三島を総称して島前《どうぜん》とよんでいる。つまり、隠岐は大きくいうと島前と島後の二つのブロックからなっており、これらを北方の門、すなわち「北門」と考えるとまさに様子がぴったりとあてはまる。

こうした着想のもとに、北門の佐伎国にふさわしいところを探していくと、現在の島前の海士《あま》町に崎という地名がみられることに気がつく。このあたりは、『和名類聚抄《わみょうるいじゅうしょう》』で海部《あまべ》郡とされた地域であり、ここに関する木簡で藤原宮跡や平城宮跡から出土したものが

隠岐諸島

崎と大久の位置

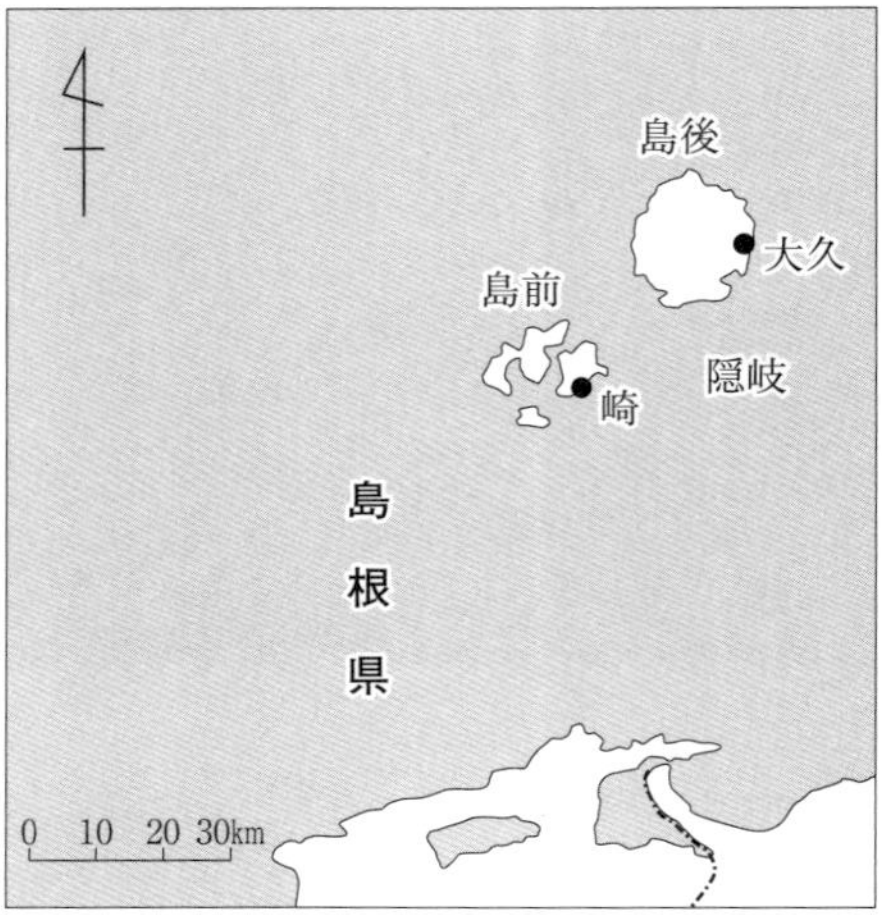

全部で一九点知られている。そして、これらのなかから「前《さき》里」、「佐吉《さき》郷」、「佐伎《さき》郷」といった地名が確認されている。こうしたことから北門の佐伎国については、現在の海士町の崎にあたると考えてほぼ間違いないと思われる。

　問題は北門の良波国の方である。こちらについては、なかなか決め手がみつからない。かつて本居宣長が指摘したように、良波という呼称は地名としてはそぐわない。そこで、日本古典文学大系『風土記』(岩波書店)を校注された秋本吉郎氏は「農波国」の誤りとみなしたが、農波としてもさほどふさわしい地名はないように思われる。また、植垣節也氏は良波を波良の転倒したものとし、さらに波良は由良《ゆら》の誤写とみなして島前の由良に比定された。

　しかし、佐伎国を島前とするのであれば、良波国は島後に求めるのが自然のように思われる。ところが、島後には良波にふさわしい地名は、やはりみあたらない。けれども、良波を波良の転倒と考えて「ハラ」と称する地名を探すと、小字名として「原」という地名を二か所みいだすことができる。二か所とも現在の西郷町にあるが、ひとつは大字上西のなかの地名で内陸部であり、もうひとつは大字大久《おおく》のなかにあり、こちらは海浜部に位置している。この二か所のうち、国引き神話の地名として考えるならば、海浜部のものの方がよりふさわしいといえよう。これらの点から、北門の良波国は、実は波良国であって、現在の島後の西郷町大久のあたりと考えておきたい。

神話をみる目

日本神話における国土創生という点に注目して、「記・紀」にみられる国生み神話に対して、『出雲国風土記』にはそれと異なる国引き神話があることをのべ、それについてとりあげてみた。国生みがいわば垂直的思考であるのに対して国引きは水平的思考であり、その点で両者はまったく反対といえよう。しかし、国引き神話もまた、まぎれもなく日本神話における国土の創生神話なのである。このことは、国土創生神話を考えるとき、イザナキ・イザナミ両神による国生み神話のみをとりあげるのではなく、国引き神話など他の類例にも広く目をやることが不可欠であるということをものがたっていよう。そして、これは、日本神話を考えるときに、「記・紀」神話の面からだけでは不十分であるということにもつながるであろう。

3　スサノオ神と八岐大蛇退治神話

スサノオ神の出自

日本神話で「八百万《やおよろず》」と形容される神々のなかでもスサノオ神は、とてもユニークで人気のある神のように思われる。非常に高い身分をもちながらも、高天原から出雲へ追放され、しかもそこで八岐大蛇《やまたのおろち》を退治する、そんな波乱万丈のストーリーが人々を魅了してやまないのであろう。

さてその生まれであるが、『古事記』をみると、イザナキ命の鼻から誕生したことになっている。このとき、イザナキ命の左目からは天照大御神《あまてらすおおみかみ》が、また右目からは月読命《つくよみのみこと》がそれぞれ生まれている。このように、スサノオ神は、天照大御神・月読命と兄弟神であり、天神《あまつかみ》のなかでもきわめて高い出自をもっているといえる。しかし、一方では天照大御神と月読命がイザナキ命の左右の目から誕生したのに対して、スサノオ神の場合は鼻となっており、何やらつけたしのような印象もしないではない。こうしたことから、「記・紀」神話の体系は、本来、天照大御神と月読命という日月両神であったところに、のちになってスサノオ神が割りこんだのであるともいわれているが、いまはこの問題についてはさておき、スサノオ神の行動を追うことにしたい。

まず、スサノオ神は、父神であるイザナキ命によって海原を治めるように命じられるのであるが、これに従わず青山を泣き枯らして母であるイザナミ命のいる根の国へ行くことを望むのである。その結果、父神のイザナキ命の怒りを受けてスサノオ神は追放されてしまう。そこで、スサノオ神は姉神である天照大御神に別れを告げるために高天原へと向かう。しかし、天照大御神は、スサノオ神が高天原を奪いにきたと誤解してしまう。スサノオ神は宇気比《うけひ》によって身の潔白を証明することに成功するが、宇気比に勝ったことにおごって高天原で種々の悪行をおこない、その結果、天照大御神は天岩屋戸《あめのいわやと》に隠れてしまう。その後、神々の工作によってようやく天照大御神が天岩屋戸から姿をあらわし、スサノオ神は罰として千位置戸《ちくらのおきど》を科せられ、鬚髯を切られ、手足の爪までも抜かれて出雲へ追放されてしまう。その途中、大宜津比売神《おおげつひめのかみ》を殺害する。

おおよそこのような経過をとって、スサノオ神は出雲へ天降ることになる。そして、このあと、八岐大蛇退治へと神話は進んでいくことになる。

八岐大蛇退治神話

「記・紀」神話のなかでも八岐大蛇退治神話は特に有名なもののひとつである。しかし、「記・紀」のすべての所伝にこの神話が記載されているわけではない。『古事記』と『日本書紀』の本文にはもちろん記載がみられる。しかし、『日本書紀』には本文の他に「一書」として別伝が載せられており、それをみると第二の一書・第三の一書・第四の一書には八岐大蛇退治神話がみられるけれども、第一の一書および第五の一書にはまったく記されていない。以上のような伝承の相違をまとめたものが次ページの表である。

このように、「記・紀」の所伝といってもそれぞれに異なりがみられるのである。そこで、これらの所伝を八岐大蛇退治神話が記載されているかどうかという点に注目して二つのグループに大別して、スサノオ神の行動を追うことにしたい。

まず、『古事記』からみてみることにしよう。出雲の肥《ひ》の河上の鳥髪《とりかみ》の地に天降ったスサノオ神は、さらに河上へ行き、そこで国神《くにつかみ》と出会う。そして、八岐大蛇が毎年やってき

八岐大蛇神話の概要

書名	スサノオ神の表記法	スサノオ神の降った場所	国神の表記法	八岐大蛇の表記法	登場する剣の名称	備考
古事記	須佐之男命　速須佐之男命	出雲国の肥の河上の鳥髪の地	大山津見神の子である足名椎・手名椎　娘の櫛名田比売	高志の八俣遠呂知	十拳剣　都牟刈の大刀（草那芸の大刀）	
日本書紀本文	素戔嗚尊	出雲国の簸の川上	脚摩乳・手摩乳　娘の奇稲田姫	八岐大蛇	十握剣　草薙剣	最後に根の国へ行く
日本書紀第一の一書	素戔嗚尊	出雲国の簸の川上	稲田宮主簀狭之八箇耳　娘の稲田媛			
日本書紀第二の一書	素戔嗚尊	安芸国の可愛の川上	脚摩手摩・稲田宮主簀狭之八箇耳　娘の奇稲田姫	八岐大蛇	蛇の鹿正　草薙剣	
日本書紀第三の一書	素戔嗚尊	出雲国の簸の川上の山	脚摩乳・手摩乳　娘の奇稲田姫	彼の大蛇　彼の蛇	蛇の韓鋤　草薙剣	
日本書紀第四の一書	素戔嗚尊	新羅を経て出雲国の簸の川上の鳥上の峯		大蛇	天蝿斫剣　草薙剣	
日本書紀第五の一書	素戔嗚尊	韓郷から紀伊国を経て熊成峯				最後に根の国へ行く

て娘を食べてしまうという国神の嘆きをきいて、自らの身分を明かし、犠牲にされようとしていた櫛名田比売《くしなだひめ》を自分にささげることを命じる。その後、やってきた八岐大蛇を酒で酔わせて眠らせ、斬り殺してしまうのである。

スサノオ神は、大蛇の尾からでてきた草薙《くさなぎ》の大刀を天照大御神に献上し、須賀《すが》の地へやってきて宮を造り、「八雲立つ、出雲八重垣、妻籠《つまご》みに、八重垣作る、その八重垣を」という歌をよむ。そして、櫛名田比売との間に子供をもうけ、その子孫が大国主神となるのである。

次に、『日本書紀』の本文をみると、スサノオ神が天降ったのは出雲の簸《ひ》の川上となっている。そして、スサノオ神はさらに川上にのぼり国神と出会い、その嘆きをきくのである。そこで、犠牲になろうとしていた奇稲田姫《くしいなだひめ》を自分にささげることを要求したスサノオ神は、八岐大蛇を酒に酔わせて斬り殺してしまう。ここでも大蛇の尾から草薙剣ができたことになっていて、天上へ献ぜられ

斐伊川

須我神社

る。そして、清《すが》の地にいたり宮を造り、「八雲立つ」の歌を作る。さらに、奇稲田姫との間に大己貴神《おおなむちのかみ》が生まれたのち、スサノオ神は根の国へ行ったとされる。このように、『日本書紀』の本文は、最後のスサノオ神が根の国へ行くという部分を除くと『古事記』の内容とほぼ同じといえる。

これに対して、同じ『日本書紀』でも第二の一書では、スサノオ神の天降った場所は、安芸《あき》の可愛《え》の川上となっている。そして、国神と出会い、八岐大蛇を退治したのち、奇稲田姫を出雲の簸の川上に移して養育し、自分の妃にしたという。こうしてできたスサノオ神と奇稲田姫との間の子の六世の孫が大己貴命ということになる。

『日本書紀』の第三の一書は記載がすこぶる簡単である。天降ったスサノオ神が国神と出会い、毒酒で大蛇を殺してしまう。大蛇からは草薙剣がでてくるが、その剣はスサノオ神のもとに置かれてあったのが今は尾張《おわり》にあると記されている。最後に、この神話の舞台が出雲の簸の川上であるとしているが、スサノオ神がここの山に直接、天降りしたかどうかについては明記していない。

ついで、八岐大蛇退治のことがのべられている最後の所伝である『日本書紀』の第四の一書をみてみよう。ここでは、スサノオ神は御子神《みこがみ》の五十《い》猛《たける》命とともにまず新羅に天降りしている。しかし、そこに落ち着かず出雲の簸の川上の鳥上《とりかみ》の峯にいたるのである。そして、人を呑む大蛇を殺し、でてきた草薙剣を天上に奉る。しかし、この所伝には、国神やその娘のことがまったくでてこず、そのかわりスサノオ神の御子神として五十猛命が登場し、木種を蒔《ま》いたことが記されている。

これらの八岐大蛇退治のことがみられる所伝に対して、次の二つの所伝は八岐大蛇退治のことがまったくのべられていない。まず、『日本書紀』の第一の一書であるが、ここにみられる内容はごく簡単なものでしかない。スサノオ神が出雲の簸の川上に天降り、奇稲田姫との間に子を生み、その五世の孫が大国主神であると記すのみである。

次に、『日本書紀』の第五の一書をみるならば、スサノオ神は韓郷《からくに》に天降りするのであるが、自分の体毛をぬきとってそれを木々に変えて舟や宮殿を造って紀伊へ渡り、さらに熊成《くまなり》峯にいたり、最後には根の国へ行ったとされている。御子神の五十猛命、大屋《おおや》津《つ》姫《ひめ》命、枛津《つまつ》姫《ひめ》命らも木種を蒔いたと記されている。

以上が、「記・紀」にみられるスサノオ神のおおよその姿である。ここで、興味をひかれるのは、天上でのスサノオ神と出雲へ天降ってからのスサノオ神とではまったく性格が異なっているという点である。天上でのスサノオ神は、乱暴で荒々しい神であり、まさしく荒ぶる神の典型である。それに対して、出雲でのスサノオ神は悪しき八岐大蛇を退治するヒーローとして描かれている。それまでの悪神が一転して善神に早変わりしてしまうのである。しかしながら、八岐大蛇退治神話のなかにも、天上でのスサノオ神の武力的で力強い性格が貫かれている点をみのがしてはならないであろう。さらに、奇稲田姫との結婚を望む点から強い男性神的性格を、また剣をもって八岐大蛇と闘う点から戦士的性格をもうかがうことができよう。さらに、スサノオ神と朝鮮半島との関係の深さも読みとれるし、自らの体毛をぬきとって木々に変えるという行為からは増殖神としての性格もみられる。ただし、ここにみられる増殖神とは、農耕的なものではないことに留意する必要があろう。スサノオ神の場合、あくまでも木種についての増殖であり、農耕とは直接に結びつくものではない。そして、それらが舟や宮殿の材料であるということを考えるならば、むしろ、産業や技術との関係の方が強いといえる。これらを総合的にとらえると、スサノオ神は天照大御神を中心とする天神のなかでは異端的存在といってよいであろう。

次に視点を変えて『出雲国風土記』からスサノオ神像を追ってみることにする。

スサノオ神を祭神とする須佐神社

『出雲国風土記』のスサノオ神

八世紀のはじめに出雲でまとめられた『出雲国風土記』をひらくと、スサノオ神は四か所にわたって姿をみせている。まず最初に登場するのは、意宇郡の安来《やすき》郷の地名起源説話であるが、ここには、スサノオ神がいずこかの地からここへやってきたこと、そしてこの地にきて気持が落ち着いたと語ったので安来とよぶようになった、ということの二点しか知ることができない。

ついで記載がみられるのは、飯石《いいし》郡の須佐郷の条である。ここには、スサノオ神がこの国は小さな国であるが良い国であると語り、自分の名は木や石にはつけないとして自らの魂を鎮め置いたと記されている。さらに、大須佐田・小須佐田という田も定めたというのである。この須佐郷の伝承は、スサノオ神が鎮座しているという内容をもつことで注目されるし、何よりも神名が郷の名になっている点は重要である。

スサノオ神の残りの二か所の伝承はいずれも大原郡にみられる。ひとつは、御室《みむろ》山の名称由来をのべたもので、スサノオ神が御室を造って宿ったというものである。もうひとつは、佐世郷の地名起源説話で、スサノオ神が佐世の木の葉を頭にかざして踊ったところ、その木の葉が地面に落ちたという内容である。これらのうち、御室山については、「室」という言葉が神霊を留め祀る場所を意味するとして、「ミムロ」「ミモロ」「ミモレ」と相通じるといわれている。大和の御諸山（三輪山）、山城の三室戸などもこの類とされている。こうしたことから、御室山の伝承には、須佐郷ほどではないが、安来郷から比べるとはるかに強いスサノオ神の土着性をうかがうことができる。一方、佐世郷の伝承には少し特異な面がみられる。というのは、佐世の木は神木の一種であり、この神話は感触呪術（接触呪術）に基づくものであるといわれているからである。つまり、神聖な木の葉をスサノオ神が頭にかざすことによって、その木の葉にスサノオ神の霊力が移り、さらにその木の葉が地面に落ちることでその土地にはスサノオ神の霊力が宿るというものである。

これらが『出雲国風土記』にみられるスサノオ神の姿であるが、須佐郷ともっとも深い関係がみられることと、佐世郷にみられるように呪術的な性格をもった神であることとぐらいしか特徴をみいだすことができない。何よりも「記・紀」にみられるような荒ぶる神としての姿がまったく影をひそめているのには驚かされる。そして、八岐大蛇退治についてもひとこともふれられていない。こうした「記・紀」と『出雲国風土記』との間にみられる大きなギャップをどのようにとらえたらよいのであろうか。この疑問点の解決の糸口として、次に『出雲国風土記』にみられる御子神の伝承に目を向けてみたい。

スサノオ神の御子神

『出雲国風土記』にはスサノオ神の御子神として男神が五神、女神が二神の合わせて七神が姿をみせている。それぞれについて個別にみていくと、まず、意宇郡の大草郷に青幡《あおはた》佐久佐日古《さくさひこ》命が鎮座しているという記載がみられる。この神は、青幡佐草日子命という表記で大原郡の高麻山《たかさやま》の条にも登場しており、ここでは山の頂上に麻を蒔いたことが記されていて増殖神としての性格をみせている。

次に島根郡の山口郷の条をみると、都留支日子《つるぎひこ》命がここの山の入口に鎮座していると記されている。この都留支日子命については、記載自体があまりにも簡単であり、詳しいことは不明であるが、神名から剣をシンボルとする武神と考えてよいであろう。同じ島根郡の方結郷《かたえ》の条には国忍別命《くにおしわけ》が鎮座している。この神については、『古事記』にみられる国《くに》忍富神《おしとみ》と同神ともいわれているが、いずれにしても神名から国土を押し広げていく開拓神・土地神とするのが自然であろう。

ついで、秋鹿郡の恵曇郷《えとも》には、磐坂日子命《いわさかひこ》がこの地は国が稚《わか》くうるわしくて形が画鞆《えとも》のようだといったことが記されている。この神についても詳細は不明といわざるをえないが、磐坂は斎境に通じ神霊の降りる聖なる場所を意味していることをふまえると、こうした神聖な場所にいて神々に奉仕する神と考えるのが妥当であろう。同じ秋鹿郡の多太郷《ただ》には、衝桙等乎与留比古命《つきほことおよるひこ》がこの地へやってきて自分の心が明るく正しくなったと語ったことがのべられている。この神の性格については、やはり神名から桙（鉾）をシンボルとする武神とするのが一番ふさわしいであろう。

スサノオ神の御子神のうち、二神の女神はいずれも大穴持命（大国主神）との婚姻関係がうかがわれる。まず、神門郡《かんど》の八野郷には、八野若日女命《やののわかひめ》が鎮座しており、そこに大穴持命が女神と婚姻を結ぼうと屋舎をたてたという記載がみられる。また、同じ神門郡の滑狭郷《なめさ》には、和加須世理比売命《わかすせりひめ》がおり、大穴持命がこの女神のもとに通ってきたとき、神社の前になめらかな岩があったのでこの地を南佐《なめさ》とよんだという伝承が記されている。この神については、『古事記』にみられる須勢理毗売命《すせりびめ》と神名が類似していることや、両神ともスサノオ神の御子神であり大穴持命と婚姻関係を結んでいることなどから同一神と考えられている。

以上がスサノオ神の御子神の伝承である。いずれも簡潔な記載であり、はっきりしたことをいうのはなかなか難しいと思われるが、それでも、青幡佐久佐日古命からは増殖神としての性格を、また都留支日子命と衝桙等乎与留比古命からは武神としての姿をみることはできるであろう。

スサノオ神と御子神の伝承分布

記載箇所	スサノオ神	御子神
意宇郡	安来郷	大草郷（青幡佐久佐日古命）
島根郡	なし	山口郷（都留支日子命） 方結郷（国忍別命）
秋鹿郡	なし	恵曇郷（磐坂日子命） 多太郷（衝桙等乎与留比古命）
神門郡	なし	八野郷（八野若日女命） 滑狭郷（和加須世理比売命）
飯石郡	須佐郷	なし
大原郡	佐世郷 御室山	高麻山（青幡佐草日子命）

このように考えると、ひとつの興味深いことが浮かんでくる。それは、『出雲国風土記』のスサノオ神像に御子神がもっている増殖神や武神としての性格を加味すると、「記・紀」にみられるスサノオ神像とほぼイメージが重なるということである。つまり、『出雲国風土記』と「記・紀」との間にみられるスサノオ神像のギャップを埋めることができるのである。しかし、ここで問題がでてくる。

それは、こうしたことがどうして起きるのかということである。これについては二通りの考え方ができる。ひとつは『出雲国風土記』の伝承を「記・紀」がとりこんだとする見方であり、もうひとつは、逆に「記・紀」にみられるようなスサノオ神の神話がはじめにあって、それを『出雲国風土記』が利用したとする考えである。いま問題にしている三書の成立年代をみると、天平五年（七三三）に完成した『出雲国風土記』がもっとも新しい。この点からいうならば、『出雲国風土記』の編纂責任者である出雲国造は「記・紀」を見聞していたとも考えられる。しかしながら、『出雲国風土記』の特徴のひとつとして在地性の強さをあげることができ、スサノオ神と御子神の伝承についても、分布および記載内容の両方とも地元に伝えられていたものと判断することが可能である。したがって、『出雲国風土記』のスサノオ神像に御子神の性格を合わせたものが「記・紀」のスサノオ神像に類似している理由としては、『出雲国風土記』の伝承が原形であり、「記・紀」にみられるものは二次的なものと考える方が適切であると思われる。

スサノオ神の原像

本来は『出雲国風土記』にみられるようなスサノオ神と御子神の伝承が、「記・紀」で

スサノオ神伝承の分布

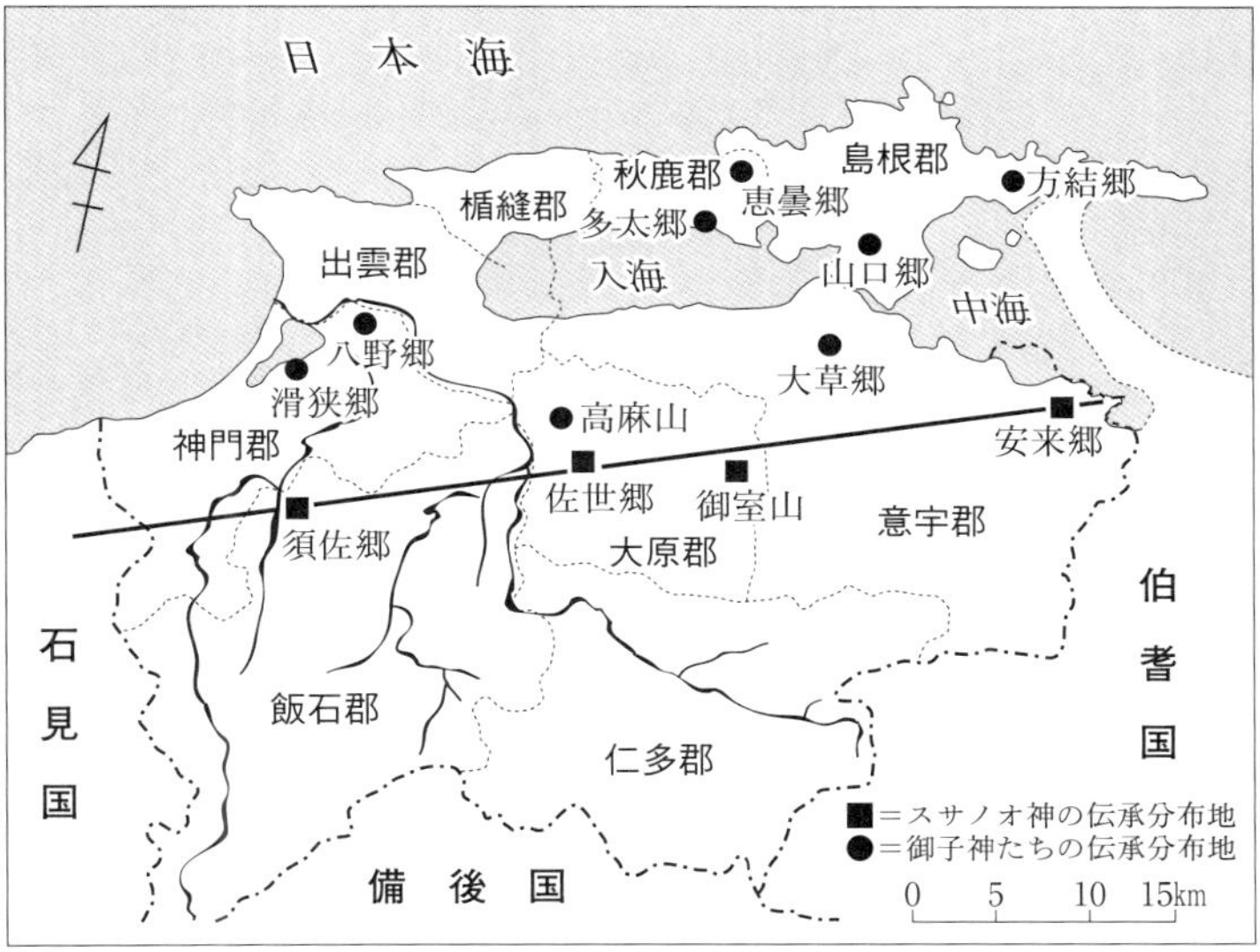

は両者が合わされて一神となり、新たなスサノオ神像がつくられたことが明らかになった。したがって、スサノオ神が元来、どのような神であったかを追い求めるには『出雲国風土記』によって検討を進めなければならない。そこで、あらためて『出雲国風土記』のスサノオ神と御子神の伝承をみると、そこに分布の偏りをみいだすことができる。スサノオ神の四か所の伝承分布地は出雲の東西にほぼ一直線になるように位置している。これに対して御子神の伝承分布地は、スサノオ神の伝承分布地を結んだ東西の線、いわばスサノオラインともいうべきラインのいずれ

も北側に位置している。さらに、御子神の伝承分布地は青幡佐久佐日古命の伝承をとどめる大草郷と高麻山を除くと残りすべては海辺もしくは水辺に近接しており、特に島根半島の東部から中央部にかけて濃密な分布を示している。これらのことは、御子神の伝承の背景には海人集団が存在していたであろうことを推測させる。

　また、スサノオ神の本拠地という点では、やはり須佐郷が重要であろう。このことは、スサノオ神の表記の面からもいうことができる。ためしに日本古典文学大系の『風土記』を使ってスサノオ神の表記をみてみると、一二か所中、一〇か所は「須佐」の表記を用いている。これはとりもなおさず、スサノオ神と須佐郷との関係の深さをものがたるものであろう。したがって、スサノオ神は、須佐郷を本拠地とする神であり、さらにスサノオ神が宿ったという御室山の伝承も考え合わせると大原郡の山間部にも関係深い神といえる。

　それでは、スサノオ神の性格はというと、結論的には製鉄神であったと考えられる。その理由は、まず何よりも須佐郷のある飯石郡や大原郡の山間部、そして仁多《にた》郡といった奥出雲は産鉄地域であるということがあげられる。飯石郡と仁多郡については『出雲国風土記』のなかにも鉄関係の記載をみることができる。こうした地域的な特徴やスサノオ神がもっている呪術的性格などから、スサノオ神は須佐郷を本拠地とする製鉄神であったと考えられる。そして、製鉄という技術をふまえるならば、そもそもは朝鮮半島からの渡来人集団によってもたらされた神ということができるであろう。

さらに、スサノオ神と御子神の伝承分布から憶測をたくましくすると、スサノオ神の信仰圏は須佐郷から東部の安来郷へと伸展していき、島根半島部の海人集団にも影響力をもつようになったのではなかろうか。それに対して、須佐郷の北部にあたる神門郡や出雲郡には影響力が弱かったように思われる。そこは大穴持命の信仰圏であり、容易に入っていくことができなかったのであろう。

4　二つの黄泉国

日本神話の空間構成

『古事記』や『日本書紀』のなかで、神話はどのような世界観をもっているかというと、まず、天界である高天原があり、それに対して地上の葦原中国《なかつくに》が存在している。そしてもうひとつ、死者の国である黄泉国《よみのくに》があり、神々は、これらの三つの世界を往来している。これらのうち、古代の人々は、黄泉国の場所をどこに想定していたのかというと、いまひとつ明確でない。葦原中国からみて高天原が天にあるとすると、黄泉国は地下と考えることができるかもしれない。事実、黄泉とは地下に流れている泉のことといわれている。また、死者の国は根国《ねのくに》ともいわれることをふまえると、やはり、死者の国は地下にあったと考えたくなるが、一方では、海上に想定する考えもある。黄泉国については、まだまだ検討すべき余地が多々あるように思われる。

「記・紀」にみられる黄泉国

そもそも、わたしたちが黄泉国を認識する有名な場面は、イザナミ神が火の神であるカグツチを生んで亡くなったあと、イザナキ神がイザナミ神に会いに行くところである。すなわち、イザナキ・イザナミ両神は、国生みをおこなったのち、神生みをおこなうが、そこでカグツチを生んだため火傷をして死んでしまう。イザナミ神は、『古事記』では出雲国と伯耆国との境にある比婆《ひば》山に葬られたことになっている。

イザナミ神を葬ったイザナキ神は、妻を忘れ難く、カグツチ神を斬殺して、イザナミ神のいる黄泉国へ向かう。しかし、イザナミ神は、すでに黄泉国の食物を食べてしまったため、もうもどることはできないという。それでも黄泉国の神と交渉するから、その間、決してのぞかないでほしいという。しかし、イザナキ神は待ちきれずに、そっとイザナミ神の姿をのぞきみしてしまう。すると、そこでみたものは、死者となった妻の醜い姿であった。さすがのイザナキ神も驚き逃げ出してしまう。それを知ったイザナミ神は、怒り恨んで、イザナキ神のあとを追いかけてくる。やっとの思いで黄泉平坂《よもつひらさか》（黄泉比良坂）まで逃げ帰ったイザナキ神は、千引きの石で路を塞いでしまう。ここまで追いかけてきたイザナミ神は路を塞がれたため先へ行くことができず、この千引きの石をはさんで、この世側のイザナキ神と対峙することになる。そこで、イザナミ神は、この世の人々を一日に一〇〇〇人ずつ殺すと宣言すると、それに応えてイザナキ神は、それならば自分は一日に一五〇〇人の民を産むという。こうして両神は別れることになる。これが離婚のはじまりなどという人もいるが、それはともかくとして、黄泉平坂は、この世とあの世とを結ぶ坂、すなわち境ということになる。

この坂を『日本書紀』は黄泉平坂と表記し、『古事記』では黄泉（比良）坂と表記している。さらに『古事記』では「出雲の伊賦夜坂《いふや》」とも記している。現在、島根県の東部に揖夜《いや》という地名が残されており、イザナミ神を祭神とする揖夜（揖屋）神社が鎮座している。また、この神社から東方へ行ったところには、黄泉比良坂の伝承地とされるところもあり、巨石群がみられる。もとよりこの伝承地に関しては、あくまでも伝承地というもの以外の何物でもないが、揖夜神社については、古代の伊布夜社もしくは揖屋神社にあたるとされている。すなわち、八世紀の初めにあたる天平五年（七三三）に成立した『出雲国風土記』の意宇郡の神社記をみると、神祇官社のひとつとして伊布夜社が記載されている。

『出雲国風土記』をみると、完成当時の出雲の国内には、全部で三九九の神社があり、そのなかの一八四社が神祇官の台帳に載っている神祇官社、二一五社が非神祇官社と記されている。神祇官社とは、中央政府の神祇官が神社として認め保護を加えている公の神社のことである。つまり、伊布夜社は、少なくとも八世紀はじめには、国家から認められた神社といえる。さらに、十世紀はじめに成立した『延喜式』の神名帳《しんめいちょう》にも揖屋神社として

揖夜神社

黄泉比良坂伝承地

姿をみることができ、引き続き官社とされていたことが確認できる。
こうしたことから、伊賦夜、伊布夜、揖屋といった地名や神社名はいずれも古代からのものと考えられ、それらはほぼ同一の地域をさしているとみられる。もちろん、『古事記』や『日本書紀』にみられる黄泉国についての記述は、神話という次元での話であるが、いずれにしても『古事記』では、出雲国の東部を黄泉国への入口と認識していたといってよいであろう。

出雲国の東部という点では、イザナミ神を葬った場所もそうであった。イザナミ神の埋葬地に関しては、『日本書紀』第五段の第五の一書では、紀伊の熊野の有馬村ということになっているが、『古事記』では、出雲国と伯耆国との境にある「比婆之山」となっている。この比婆山については、現在、出雲地域内に限っても、東部の能義《のぎ》郡伯太《はくた》町の比婆山をはじめとして一〇か所以上の伝承地があるが、こうしたことをふまえるならば、少なくとも『古事記』においては、出雲国が黄泉国と深い関係にあるとされていたことがわかる。その理由については、速断はできないが、古代人は乾《いぬい》の方角、すなわち西北の方角に死者の国があると信じていたことにあると思われる。古代の中枢である大和からみて出雲は西北にあたる。また、この考えに沿ってとらえるならば、「記・紀」神話のなかで、典型的な出雲系の神とされるスサノオ神やオオクニヌシ神が、ともに死者の国である根国と深い関係をもっていることもうなずける。

たとえば、スサノオ神の場合、父神であるイザナキ神から海原の支配を命じられるのであるが、それに従わずに母神のイザナミ神のいる根国へ行くことを願って泣きさけび、ついにはイザナキ神の怒りをかうことになる。また、出雲でヤマタノオロチを退治したあと、根国へ去ったという伝承も残している。また、オオクニヌシ神はというと、兄神である八《や》十神《そがみ》からの迫害を避けるために、スサノオ神の支配する根国へ逃れることになる。そこで、スサノオ神の娘神であるスセリビメ神と出会い愛し合うようになり、スサノオ神がだす数々の試練を二人で乗りこえて地上にもどり、八十神を追放することに成功する。そして、国作りをおこない地上の王になるが、その地上を高天原に譲り、オオクニヌシ神は幽界をつかさどることになるのである。

こうしたスサノオ神やオオクニヌシ神の行動についても、出雲が黄泉国と密接な関係をもった地域と考えるならば、違和感なく受け入れることができよう。とりわけ、『古事記』などでは、出雲の東部が黄泉国への入口として認識されているといってよいと思われる。しかし、『出雲国風土記』をみると、これとはまったく異なった場所に黄泉の坂・黄泉の穴が設定されているのに気がつく。

『出雲国風土記』と黄泉国

『出雲国風土記』の成立は天平五年（七三三）であるから、『古事記』ができた二一年後ということになる。大ざっぱにいうと、両書とも八世紀の初め、つまり、奈良時代前期に完成したといえる。そして、両書とも政府の命令によって作られている。ただ、『古事記』が中央で編纂されたものであるのに対して、『出雲国風土記』は地元である出雲国でまとめられたものという違いがある。

こうした成立事情を考慮するならば、『出雲国風土記』の記述は、原則的に『古事記』の内容を踏襲していると考えるのがふつうであろう。しかし、黄泉国に関連する記載は、まったく異なっているのである。

具体的に『出雲国風土記』に記載されている黄泉の坂・黄泉の穴についてみてみよう。

即ち、北の海辺に磯あり。脳《なづき》の磯と名づく。高さ一丈ばかりなり。上に松生ひ、芸《しげ》りて磯に至る。里人の朝夕に往来《ゆきか》へるが如く、又、木の枝は人の攀《よ》ぢ引けるが如し。磯より西の方に窟戸《いはやど》あり。高さと広さと各六尺ばかりなり。窟《いはや》の内に穴あり。人、入ることを得ず。深き浅きを知らざるなり。夢に此の磯の窟の辺に至れば、必ず死ぬ。故、俗人、古より今に至るまで、黄泉の坂・黄泉の穴と号《なづ》く。

これが宇賀郷の記載であり、日本海に面した脳の磯の西方に窟があることがのべられている。この窟は、高さも広さもともに六尺とあることから、約二メートルほどの大きさということになる。内部は穴になっているが、人が入ることができないため、奥行がどれくらいあるかは不明といっている。そして、このあたりにきていることを夢にみると、その人は必ず死んでしまうというのである。そこで、土地の人は昔から今にいたるまでずっと黄泉の坂とか黄泉の穴とかといっている、と伝承は語っている。

　現在、この宇賀郷の窟に相当するのは、猪目《いのめ》洞窟遺跡であるとされている。海辺に面した洞窟であり、ここからは、弥生時代の人骨などが出土し

猪目洞窟遺跡

揖夜神社と猪目洞窟

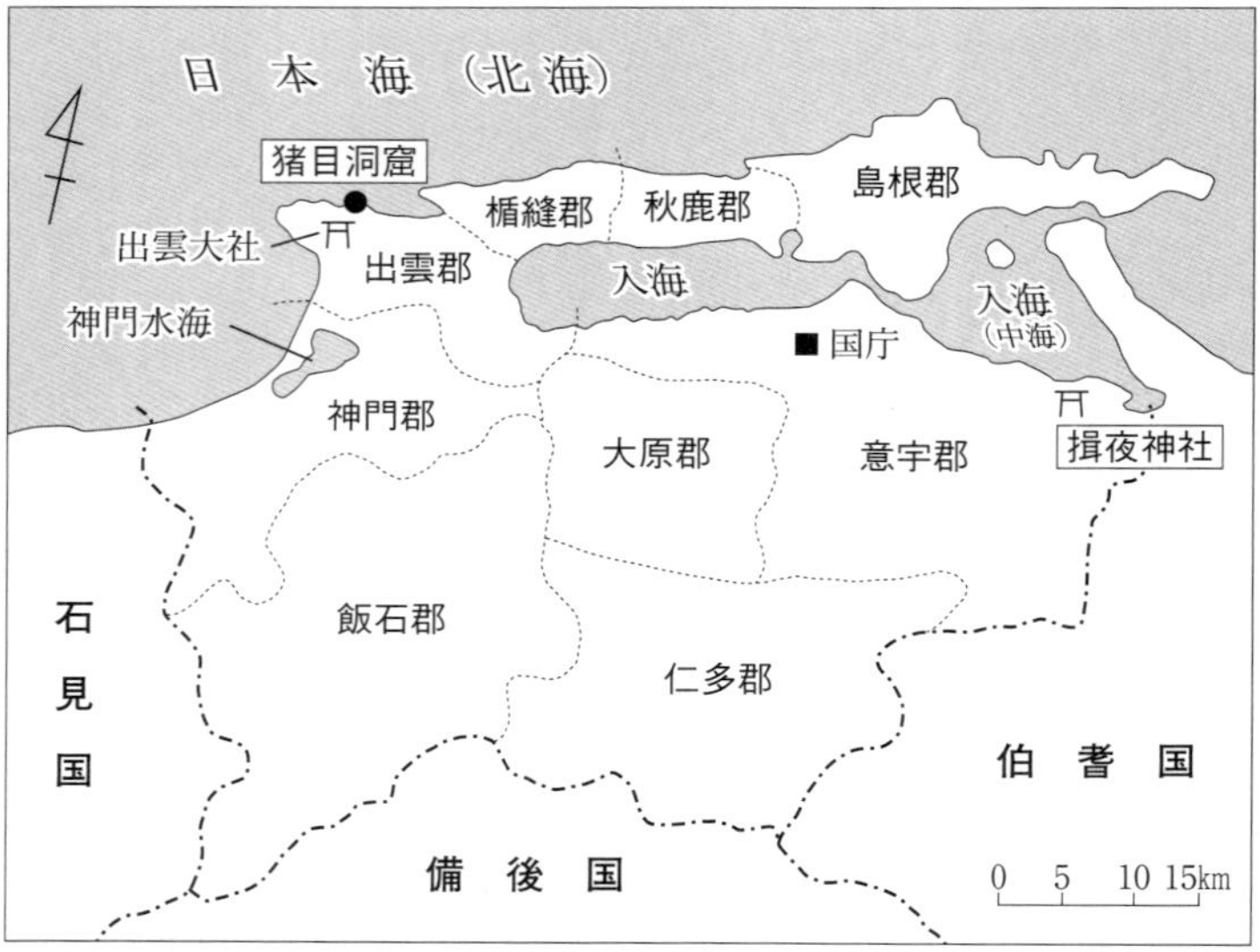

ている。こうしたこともあって、地元の人々は、この窟が黄泉国へ通じると信じ、恐れていたことがうかがえる。

このように、『出雲国風土記』にも黄泉国へと続く黄泉の坂・黄泉の穴の記載がみられ、出雲と黄泉国との関係は十分に認めることができる。ただ、大きな問題は、その位置についてである。猪目洞窟遺跡は、出雲大社の裏をぬけて日本海にでた猪目の集落にある。つまり、島根半島の西部、出雲全体でみるならば、出雲の西北部に位置するといえる。

すなわち、『古事記』では、黄泉国への入口は出雲の東部とされていた。ところが、『出雲国風土記』では、出雲の西北部となっており、まったく逆といってもよい位置になっているのである。この点をどのようにとらえたらよいかというと、従来、位置の指摘はするものの、そのギャップの説明はほとんどなされていないようである。しかし、『古事記』にやや遅れて成立し、しかも、政府の命令によってまとめられた『出雲国風土記』が、『古事記』とはまったく別な場所に黄泉の坂・黄泉の穴を設定していることはみのがすことのできないポイントではなかろうか。まず、ふつうに考えると、そのようなことはできないように思われる。しかし、実際に『古事記』とはまったく逆の位置に黄泉の坂・黄泉の穴を設定し、政府に提出しているのである。そして、そのことに対して、政府からクレームがつけられたり、訂正を求められたりはしていないようである。このことは、単に『出雲国風土記』の特殊性・独自性といった説明ではすまされぬ問題といえる。

すなわち、『出雲国風土記』には、黄泉国関係の記載を出雲の西北部に置いてもよいだけの論理があったと考えられる。それは、あえて『古事記』とは異なる位置であっても正当化されるものであったといえる。それでは、それほどまでに強い理由とは一体、何であろうか。

古代人の黄泉国観

出雲が黄泉国とみなされる理由のひとつには、すでに紹介した乾の方角に古代人は黄泉国を想定していたという考えがあげられる。つまり、西北の方向になるわけであり、『古事記』や『出雲国風土記』が作られた八世紀初めにおける日本の中心である大和からみた場合、出雲が西北に位置することになる。こう考えると出雲が黄泉国になるわけであり、その入口はというと、大和からみて出雲へ入る地点、すなわち、出雲の東部ということになる。これを出雲地域内でみるとすれば、政治がおこなわれていた国庁からの視点ということになろう。場所的には現在の松江市の意宇平野にあたる。そこから、西北の方角へ目をやると、出雲の西部の猪目洞窟遺跡のあたりに行き着くことになる。

したがって、出雲を地元の視点でみた場合、出雲の東部ではなく、西部の猪目洞窟遺跡を黄泉の坂・黄泉の穴というのには、それなりの妥当性があるといえるのである。つまり、どこからみるかで黄泉国の入口が変わってくるわけである。それでは、そうした地元の視点を大和、すなわち中央政府が容認した西北の方向に黄泉国があるという論理の根拠は何かというと、『日本書紀』第九段の第二の一書にみられるタカミムスヒ神の勅《みことのり》が考えられ

黄泉国の位置関係

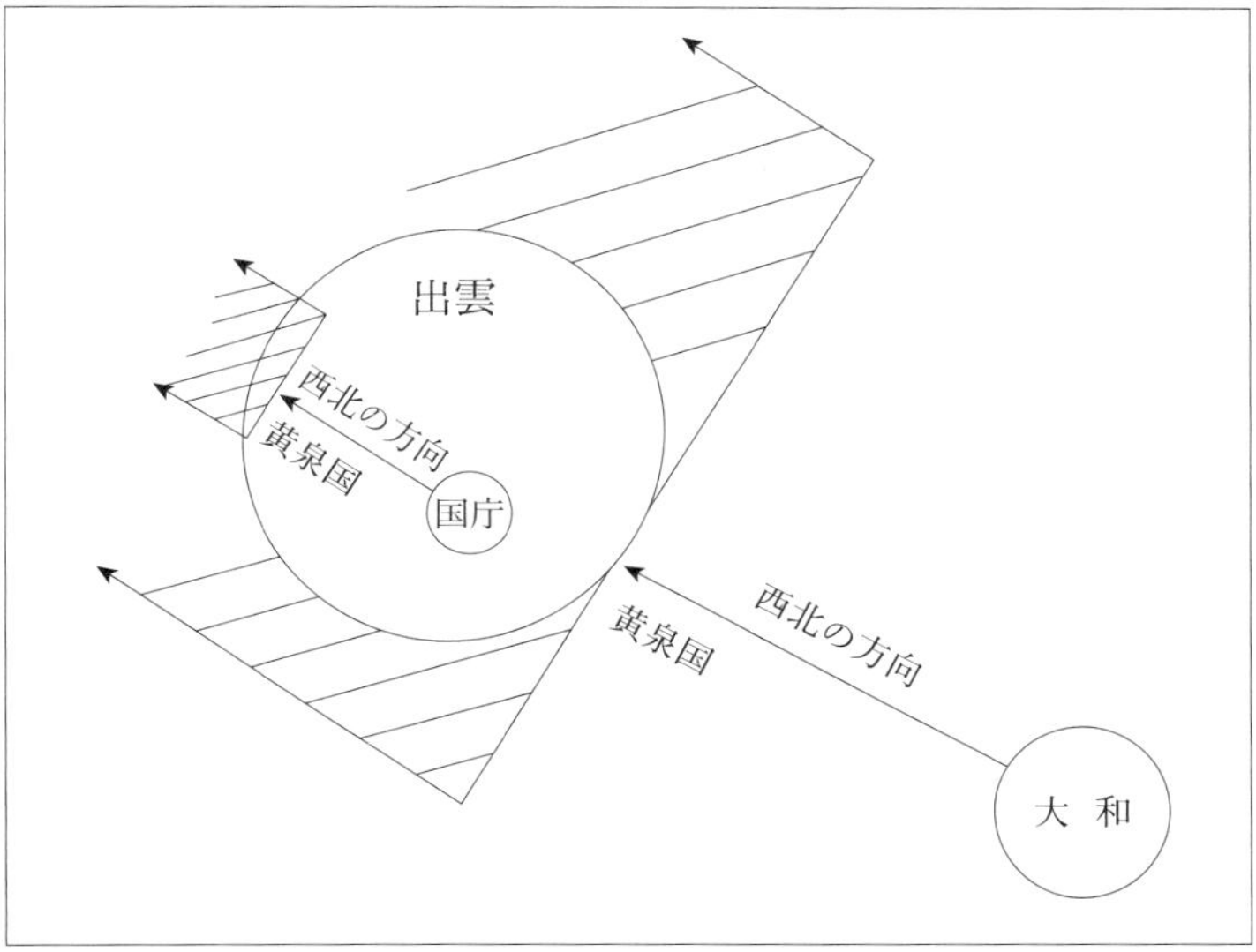

る。

この勅は、国譲りの場面で、譲ることに難色を示すオオクニヌシ神をタカミムスヒ神が説得するためにだしたものである。それによると、オオクニヌシ神に対して、支配権のすべてを譲れと要求しているわけではない。すなわち、顕露《あらわに》（現世の地上の支配権）のことに関しては譲れと命じているが、そのかわりに幽界の支配権については認めようといっているのである。さらに、オオクニヌシ神の住居として天日隅宮《あめのひすみのみや》を造り、経済的な料田もつけようといっている。また、それに加えて、高橋・浮橋・天鳥船《あめのとりふね》や白楯も造り、天安河《あめのやすのかわ》にも橋をかけてやろうといい、オオクニヌシ神の祭祀をつかさどるためにアメノホヒ神をつけるといっている。いたれりつくせりの条件であり、さすがのオオクニヌシ神もこの勅に従い、幽界の神事をつかさどることを承知することになる。

ここにみられる国譲りの展開は、一般にいわれている国譲り神話とは少し異なっているが、別伝承ながら『日本書紀』にみられる国譲り神話のひとつには違いない。そこに、オオクニヌシ神は、国譲りのあとも出雲の天日隅宮《あめのひすみのみや》（出雲大社）に鎮座して幽界のことをつかさどってよいと記されているのである。幽界とは、とりもなおさず顕界（現世）に対して目にみえない一切の世界をいい、黄泉国もこのカテゴリーに入ると考えられる。とするならば、出雲は黄泉国と認識されていたといってもよいであろう。

これらのことから、大和からみて出雲地域は黄泉国という考えがあり、出雲というエリア内であれば、黄泉国の入口の位置がどこかということに関しては許容される範囲であったと思われる。こうしたことにより、『古事記』が出雲の東部に黄泉国の入口を想定しているのにもかかわらず、『出雲国風土記』は出雲の西部に黄泉国の入口を設定することができたのではあるまいか。

5　多様な顔をもつオオクニヌシ神

オオクニヌシ神の名

日本神話に登場する主要な神々には多様な性格をみせるものが多い。オオクニヌシ神についても、まさにそのことがあてはまる。まず何よりも、その神名がさまざまに表記されることに驚かされる。一般には、大国主《おおくにぬし》神という表記で知られるが、これは『古事記』にみられる表記である。『古事記』には、これを含め、大穴牟遅《おおなむぢ》神・葦原色許男《あしはらしこお》神・八千矛《やちほこ》神・宇都志国玉《うつしくにだま》神といった五種類の別称が記されている。また、『日本書紀』には、大己《おおな》貴《むち》神・顕国玉《うつしくにだま》神という表記も使われている。さらに、『出雲国風土記』には、もっぱら大《おお》穴持《なもち》命と記されており、さらに、「天の下造らしし大神」とたたえられている。

オオクニヌシ神の神名

『古事記』	『日本書紀』
○大国主神 ○大穴牟遅神 ○葦原色許男 ○八千矛神 ○宇都志国玉神	○大国主神 ○大己貴命 ○葦原醜男 ○八千戈神 ○顕国玉神 ○大国玉神 ○大物主神

オオクニヌシ神と大己貴命

オホ	ナ	ムチ
＝	＝	＝
大	土地	貴人
＝	＝	＝
オホ	クニ	ヌシ

オホ―ナ―ムチ
＝大＝土地＝貴人＝
オホ―クニ―ヌシ

『出雲国風土記』にみられるオオクニヌシ神の表記

表記名	所在地
所造天下大神大穴持命（7例）	意宇郡母理郷 〃　山代郷 神門郡朝山郷 〃　八野郷 飯石郡多禰郷 仁多郡 大原郡城名樋山
所造天下大神命（9例）	意宇郡拝志郷 〃　宍道郷 〃　賀茂神戸 島根郡手染郷 〃　美保郷 楯縫郡玖潭郷 出雲郡宇賀郷 神門郡滑狭郷 大原郡来次郷
所造天下大穴持命（1例）	意宇郡出雲神戸

表記名	所在地
所造天下大神（10例）	楯縫郡 出雲郡杵築郷 〃　美談郷 神門郡高岸郷 〃　多伎郷 飯石郡三屋郷 〃　琴引山 大原郡神原郷 〃　屋代郷 〃　屋裏郷
大穴持命（1例）	仁多郡三処郷
大神大穴持命（1例）	仁多郡三沢郷

神庭荒神谷遺跡

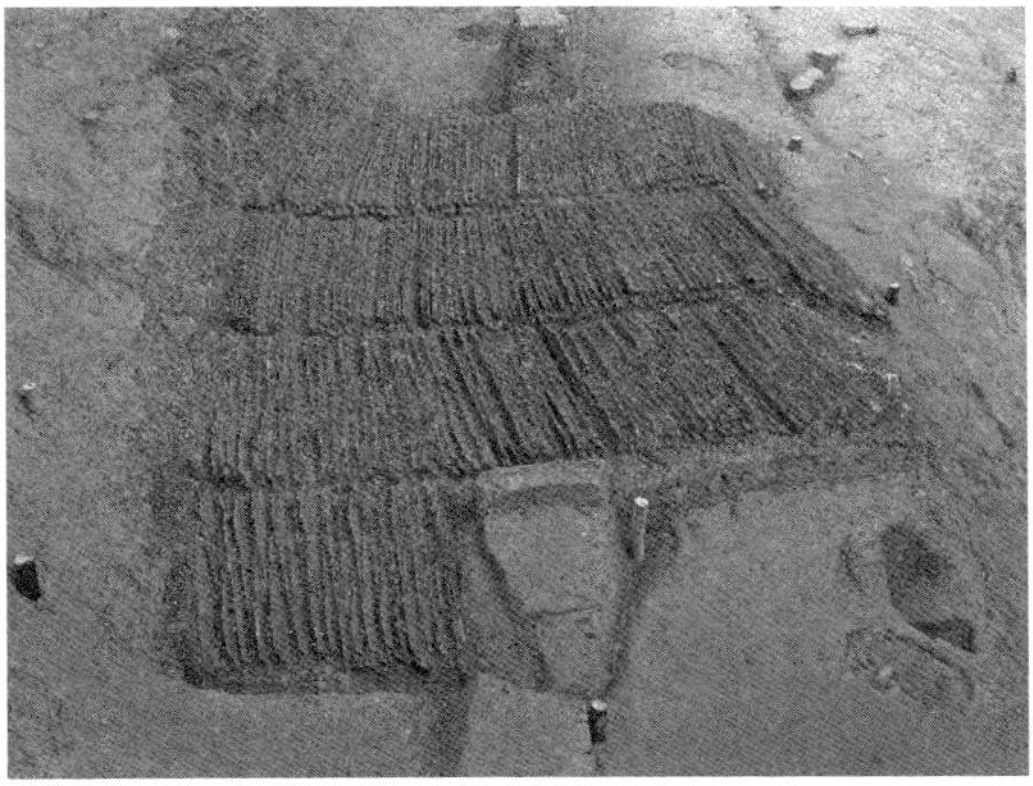

こうした表記の多様性は、オオクニヌシ神の性格の複雑さとも通じるものがあるように思われる。ふつう、オオクニヌシ神の性格としては、大国主神・大己貴神・大穴持命といった表記から、大きな土地を所有する神であると理解して、そこから土地神・開拓神・農耕神と規定するのではなかろうか。しかし、八千矛神という神名に注目すると武神としてのイメージもでてくるのである。神庭《かんば》荒神谷《こうじんだに》遺跡から三五八本の銅剣や銅鐸・銅鉾がでてくると、この八千矛神という神名がにわかに注目されたりもする。けれども、オオクニヌシ神の性格としては、やはり、土地や農耕と結びつけて考えるのが一般的であり、そこから内陸的な神といった印象も受ける。そして、こうしたイメージは『古事記』や『日本書紀』、すなわち「記・紀」によって得られたものに他ならない。ところが、『出雲国風土記』によってオオクニヌシ神をみていくと、また違ったイメージがわいてくる。

『風土記』からみたオオクニヌシ神と海

『出雲国風土記』のなかでは、オオクニヌシ神は「天の下造らしし大神」とたたえられているように、まさに中心的な神として君臨している。そうしたオオクニヌシ神の行動を注意して追っていくと、興味深い記載がみられる。それは、意宇郡の拝志郷《はやし》と母理郷《もり》に残されている伝承である。まず、拝志郷のものはというと、

天の下造らしし大神命、越《こし》の八口を平《ことむ》けむとして幸《いでま》しし時、此処の樹木茂り盛りき。そのとき、詔りたまひしく、「吾が御心の波夜志《はやし》」と詔りたまひき。

とある。これによると、オオクニヌシ神が越、すなわち北陸を平定すべくこの地から出発しようとしたとき、林がおい茂っているのをみて、自分の心がはやし立てられ勇気がわいた、とおっしゃられたというのである。また、母理郷の伝承をみると、

天の下造らしし大神大穴持命、越の八口を平け賜ひて、還りましし時、（……）

とあって、オオクニヌシ神が越の八口平定を終えてもどってきたことが記されている。

つまり、拝志郷と母理郷の伝承は、オオクニヌシ神による北陸平定神話ということになる。この神話は、スサノオ神の八岐大蛇退治神話との類似をいわれることがあるが、簡単に双方を結びつけることは危険であろう。それよりもここで注目したいことは、オオクニヌシ神が出雲と北陸との間を往復しているということである。そして、オオクニヌシ神と北陸との交渉を示す神話はこれのみにとどまらない。

島根郡の美保郷の条をみると、

天の下造らしし大神命、高志《こし》国に坐《いま》す神、意支都久辰為《おきつくしい》命の子、俾都久辰為《へつくしい》命の子、奴奈宜波比売《ぬながはひめ》命に娶《あ》ひまして、産みましし神、御穂須須美《みほすすみ》命、是の神坐す。故、美保といふ。

という神話が記載されている。これは、オオクニヌシ神が越の奴奈宜波比売命のもとに通って御穂須須美命ができたという内容であり、ここからもオオクニヌシ神と北陸との関係がうかがわれる。この神話が残されている美保郷は、現在の島根半島の東端部の美保関町にあたる。美保郷の位置からも、この神話が単なる机上の創作ではなく、日本海、そしてそこを北上する対馬海流を背景とした神話であることが推測される。奴奈宜波比売命とオオクニヌシ神の婚姻については「記・紀」神話のなかにも記されているが、『出雲国風土記』にはさらに、両神の御子である御穂須須美命が美保郷に鎮座しているという神話まで記載されている。

　しかも『出雲国風土記』には、出雲と越との間に交流があったことを示す伝承が神門郡に残されている。古志《こし》郷の条がそれであり、

　伊弉奈弥《いざなみ》命の時、日淵《ひぶち》川を以《も》ちて池を築造《つく》りき。その時、古志国の人ら到来《き》たりて堤を為《つく》りき。即ち、宿り居し所なり。故、古志といふ。

というものである。これによると、伊弉奈弥命の時代に日淵川を利用して池を造ったとき、越の人々がやってきて堤防を造ったというのである。その越の人々が住みついたのが古志郷ということになる。さらに、狭結駅《さゆうのうまや》の条をみると、

　古志国の佐与布《さよふ》といふ人来居《きす》みき。故、最邑《さいふ》といふ。神亀三年、字を狭結と改む。其の来居

みし所以は、説くこと、即ち、古志郷の如し。

とある。この伝承は、みてわかるように古志郷のものと関連しており、越から堤防を造るためにやってきた人々の一人が佐与布という名であったことを書き留めている。

神門郡のこれらの伝承をどのように受けとめたらよいのかは、難しい問題である。伊弉奈弥命の時代というのは、いくら何でもつかみどころがない話である。しかし、その一方で、土木工事についてかなり具体的な内容が記されており、さらに、越からやってきた人物名までもが事実かどうかは別としても明記されていることは注目に値する。「伊弉奈弥命の時」というのを、「いつのことかわからないくらい以前のこと」というくらいの意味にとるならば、神門郡のこれらの伝承は、さほど荒唐無稽なものでもなくなってくる。したがってこれらの伝承は、まったくの創作というよりも、出雲と越との間にあったであろう何らかの交流を背景にしたものと考える方がよいと思われる。

『出雲国風土記』にみられるこうした一連の伝承をふまえて、オオクニヌシ神の性格の問題にもどるならば、そこに海との関係、いいかえるならば海洋的な性格をみいだすことは自然であろう。つまり、オオクニヌシ神の性格を「記・紀」を中心にみるのと、『出雲国風土記』によって追い求めるのとでは大きな相違がでてくるということになる。そして、こうしたギャップはオオクニヌシ神の他の面からもいうことができる。

高層神殿としての出雲大社とオオクニヌシ神の関係

さらに、海とオオクニヌシ神との関係を示すと思われる大発見が二〇〇〇年にあった。オオクニヌシ神を祭神とする出雲大社の境内から、一二〇〇年前後に伐採され、本殿の柱として使用された痕跡がでてきたのである。そもそも出雲大社はその高さで知られ、現在の本殿は八丈、すなわち約二四メートルとされる。神社建築としては他に例をみない高層建築である。しかし、以前から出雲大社の高さに関しては、中古には一六丈、上古にいたっては三二丈もあったと伝えられてきた。その真偽については賛否両論あったが、どちらかというとあくまでも伝承ととらえるのが一般的であったと思われる。文献的には、「記・紀」にみられる国譲り神話に出雲大社の壮大さが叙述されているが、これはいうまでもなく神話の世界のことである。また、平安時代に源為憲《ためのり》によってまとめられた『口遊《くちずさみ》』のなかに、当時の高層建築物として「雲太・和二・京三」とあることも興味深い。これは、出雲国の出雲大社が一番であり、大和国の東大寺大仏殿が二番、平安京の大極殿が三番ということである。このときの大仏殿は創建時のものであり、高さが一五丈といわれているので、それより高い出雲大社が一六丈あってもおかしくないということにもなる。

また、本殿を支える柱については、出雲大社の宮司家である千家《せんげ》国造家に「金輪《かなわ》御《ご》造営《ぞうえい》差図《さしず》」とよばれる図面が伝えられている。この図面は、本居宣長の『玉勝間』にも載せられていることでも知られるが、本殿を支える九本の柱は、それぞれ三本の柱を鉄のベルト

金輪御造営差図

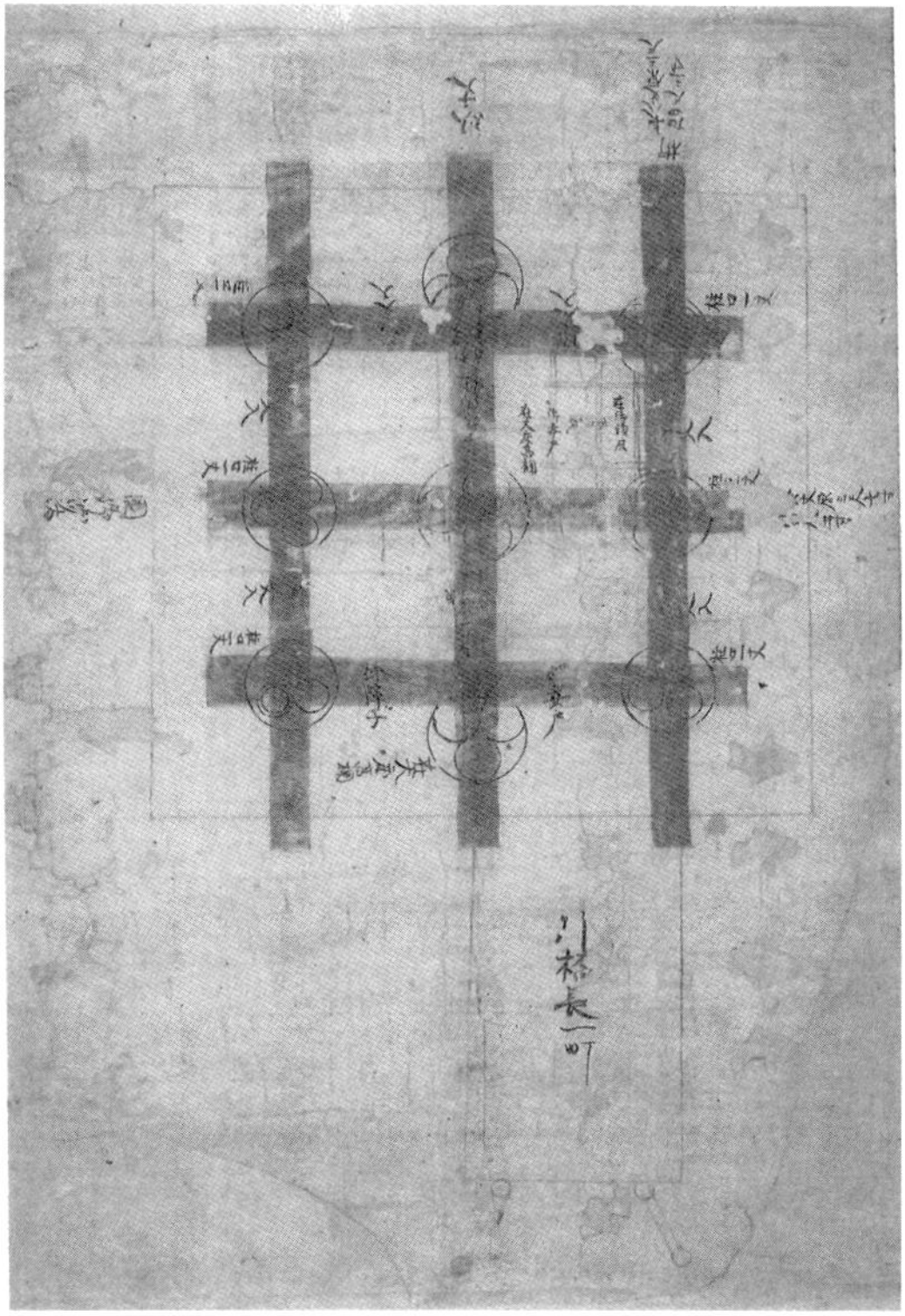

出雲大社と神門水海

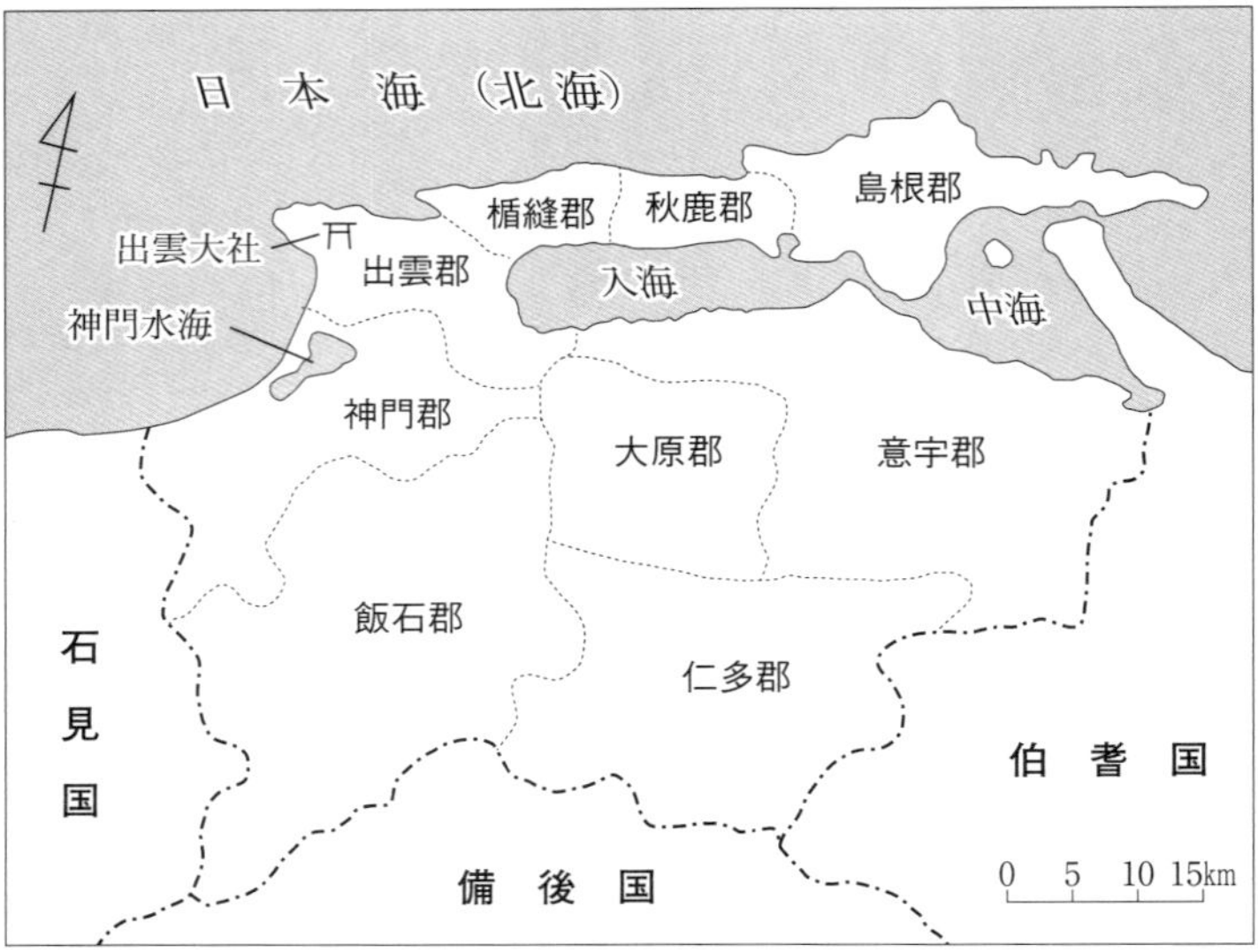

を使って一本にたばねた形になっている。貴重な図面であるが、残念なことに書かれた年代が記されていない。そのため、従来はさほど重用視されていなかったといってよいであろう。

ところが、二〇〇〇年にでてきた柱は、根元部分がのこっており、それも直径約一・三メートルのものが三本たばねられたような形ででてきたことから、「金輪御造営差図」の存在がにわかに注目され、それと同時に出雲大社の高層性も真実味をもって語られるようになった。すなわち、でてきた柱は鎌倉時代初期のものであるが、そこから平安時代末期

8世紀初期の出雲大社と神門水海北辺

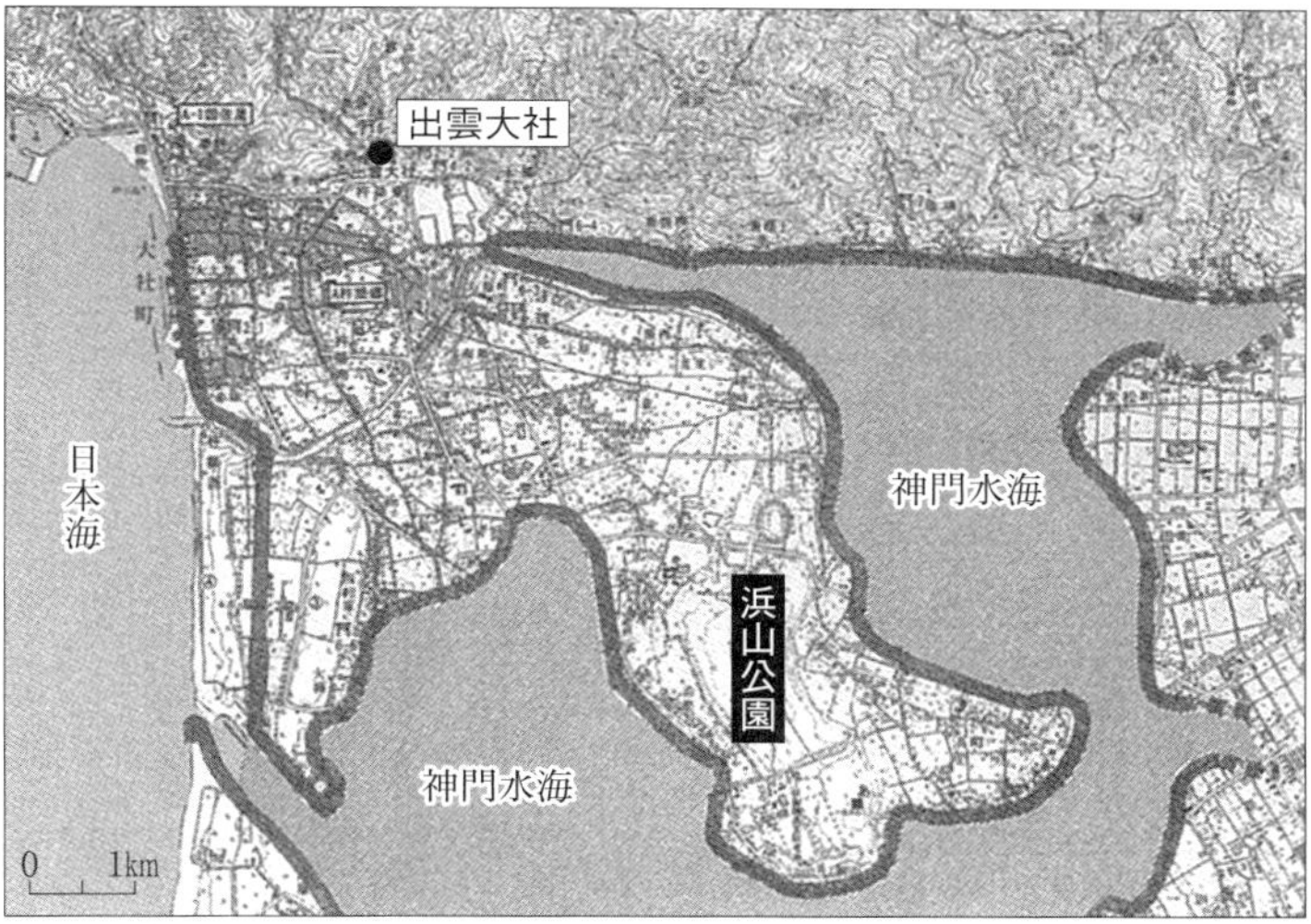

平石　充「神門水海北辺古代地図記載項目一覧表」
（『出雲国風土記の研究Ⅲ 神門水海北辺の研究（資料編）』所収、を一部変更）

およびそれ以前の出雲大社の状況を推測することが現実味を帯びてきたといえる。

　しかし、その一方で古代の出雲大社が現在よりもはるかに高層の建築物であったとするならば、当然のことながら、その理由は何かが問題になってくる。その糸口として、かつて出雲大社の南にまで迫っていた神《かん》門水海《どのみずうみ》を考えてみたい。神門水海は、『出雲国風土記』に名をみせる湖（潟湖《ラグーン》）であり、現在でも神西湖《じんざい》として名残りをとどめている。神西湖は、面積一・三平方キロメートル、周囲約五キロメートルの湖で、湖水は差海《さしみ》川口から日本海へと通じている。しかし、『出雲国風土記』が作られた天平五年（七三三）、すなわち、八世紀の初頭には今日の神西湖とは比較にならないほどの巨大な潟湖として存在していたと推測されている。

神門水海に関しては、いままでもその重要性がいわれることはあったものの、歴史学の分野からは本格的な言及はほとんどなされてこなかったといってよいであろう。その原因のひとつとしては、神門水海のエリアを特定することが容易ではなく、その周辺を含めて状況がとらえられなかったことがあげられる。しかし、近年、『出雲国風土記』の時代、すなわち、八世紀初期のころの神門水海の復元が本格的に試みられるようになった。このことによって、神門水海の北辺の奥に鎮座する出雲大社との関係についても考えることが可能になってきた。

現在、考えられている神門水海の北辺部分をみると、水海の中央に舌状の陸地があり、これによって水海は東西に二分されることになる。その東側の奥に出雲大社がある。大社のすぐ南まで神門水海が迫っている。一方、水海西端は、水路のようになっており（現在の差海川《さしみ》）、日本海に通じている。この差海川を利用して、神門水海から日本海、また、その逆の日本海から神門水海へと船の往来が可能であった。今、仮に日本海から船で出雲大社をめざすと想定すると、現在の差海川から神門水海へと入ってきたであろう。すると、船は左手前方に大きな舌状の突起物を目にする。現在の浜山公園である。そこで船は、現在の地名でいうと、朝山・南浜といったあたりを岸辺に沿いながら航行を続け、浜町を回り、やや狭くなった神門水海を北上する。すると視界がひらけてくる。現在の一畑《いちばた》電車大社線を越え、左方向に進路をとると菱根あたりに行き着く。この辺は、神門水海の幅がかなり狭くなっていて、岸辺は湿地帯になっていたと推測される。そこを直進すると、舌状の突起物のような陸地のつけ根の部分に着く。その地点から上陸して北上すると出雲大社ということになる。上陸地から出雲大社までは、直線距離にして一・七キロメートルほどである。

　こうした地理的環境をふまえると、神門水海の周囲には、船を使って交易をおこなったり、漁業に携わって生計をたてる人々、すなわち、海民たちの存在を想定することができよう。このことは『出雲国風土記』に、神門水海には、「鯔魚《なよし》・鎮仁《ちに》・須受枳《すずき》・鮒《ふな》・玄蠣《かき》」といった水産物の記載がみられ、日本海の産物には、「鮐《ふぐ》・沙魚《さめ》・佐波《さば》・烏賊《いか》・鮑魚《あはび》・螺《さざえ》・貽貝《いがひ》・蚌《うむき》・甲蠃《かせ》・螺子《にし》・石華《せ》・蠣子《かき》・海藻《にぎめ》・海松《みる》・凝海菜《こるもは》」などが記されている。このことからも、海民の存在は肯定されるであろうし、こうした海民の分布は、出雲大社の周辺にも考えてもよいであろう。

　神門水海、そこに生活する海民たち、そして、出雲大社の存在をトータルに考え合わせると、そこに出雲大社が高層神殿であった理由もみえてくるのではなかろうか。すなわち、神門水海や日本海を生活の場として往来する海民たちにとって、出雲大社が信仰の対象であると同時に、現在地や目的地を確認するための目印的役割も果たしていたのではあるまいか。そのためには、出雲大社がより高層でなくてはいけなかったと思われる。そして、このことはとりもなおさずオオクニヌシ神の性格のひとつに海洋神としての要素があったことをものがたっている。

八十神との関係

そもそもオオクニヌシ神は、「記・紀」のなかでは優しく非常におとなしい神として描かれている。その性格は消極的とすらいえる。兄弟神の八十神が荒々しく乱暴であるのと比較すると、まさに対照的ということができよう。

そうした八十神とオオクニヌシ神との関係を、まず『古事記』からみてみよう。はじめは因幡《いなば》の八上比売《やがみひめ》をめぐる争いである。八十神が八上比売と婚姻を結ぼうとたずねていったとき、オオクニヌシ神は八十神の荷物を入れた袋をかつがされ、従者となってついていった。そこで、八十神にだまされた稲羽の素菟《しろうさぎ》を助けるのである。素菟は感謝して、「此の八十神は、必ず八上比売を得じ。袋を負へども、汝命、獲たまはむ」といい、そのことが本当になる。つまり、八上比売は八十神の申し出を断って、オオクニヌシ神と結婚することになる。怒った八十神は計略をたててオオクニヌシ神を焼き殺してしまう。息子の死を悲しんだ母神の刺国若比売《さしくにわかひめ》の願いによって一度は蘇生したオオクニヌシ神であるが、八十神によって木にはさまれて再び殺されてしまう。しかし、ここでも母神によって生き返らせてもらい、紀伊《き》国の大屋毘古神のもとへ逃れることになる。八十神はあきらめずに紀伊国まで追っていくが、大屋毘古神のおかげでかろうじて難を逃れ、大屋毘古神のすすめに従ってスサノオ神のいる根の堅州国《かたすくに》へと向かう。根の堅州国でスサノオ神によってさまざまな試練を課せられるが、スサノオ神の娘の須勢理毗売らの助けで何とかこれらをきりぬける。そして、スサノオ神が眠っている間に妻となった須勢理毗売を伴って、スサノオ神の生大刀《いくたち》・生弓矢《いくゆみや》と天詔琴《あめののりごと》をもって逃げ出すことになる。あとを追ってきたスサノオ神は、黄泉比良坂《よもつひらさか》でついにあきらめて、生大刀と生弓矢で八十神を征伐することを教える。そして、オオクニヌシ神は、その教えのとおりに八十神を退治して国造りをすすめるのである。

これらが、『古事記』にみられるオオクニヌシ神の姿である。八十神の従者として扱われ、さらに、その八十神によって二度までも殺されているのである。最後には八十神を追放することに成功しているが、その方法はスサノオ神から教えられたものである。このように、オオクニヌシ神にはほとんど積極性をうかがうことができない。

それに対して『出雲国風土記』をみると、オオクニヌシ神の姿が一変する。まず、大原郡の来次《きすき》郷の条をみると、

天の下造らしし大神命、詔りたまひしく、「八十神は青垣山の裏《うち》に置かじ」と詔りたまひて、追ひ廃《はら》ひたまふ時に、此処に迨次《きすき》ましき。故、来次といふ。

という記載がある。天の下造らしし大神命、すなわちオオクニヌシ神が、八十神を「青垣山の裏」、つまり自分の神領内に住まわせないと宣言して追い払い、さらに逃げる八十神を追撃したというのである。ここにみられるオオクニヌシ神は、『古事記』のときとはうってかわって積極的である。さらに、同じ大原郡の城名樋《きなび》山の条には、

天の下造らしし大神、大穴持命、八十神を伐たむとして城を造りましき。故、城名樋といふ。

とあって、オオクニヌシ神が八十神を伐つために城を造ったという神話がみられる。これも『古事記』にはみられなかったオオクニヌシの姿である。

これらの大原郡の神話にみられる八十神については、単にオオクニヌシ神に従わずに討伐された神々と考えることもできるが、『古事記』でみたようにオオクニヌシ神の兄弟神としてとらえることも、もちろん可能である。どちらに解釈した方がよいのかについては断定を下すことは難しいが、いまはひとまずそのことはおくとして、オオクニヌシ神の積極性については異論がないであろう。

こうした点は、「記・紀」神話と『出雲国風土記』のなかの神話とにみえるオオクニヌシ神の性格の相違点としてみのがすことができない点といえよう。

6　オオクニヌシ神の原像

『出雲国風土記』のオオクニヌシ神

オオクニヌシ神は、いうまでもなく出雲大社の祭神として知られる。しかし、その多様な性格ゆえに、実体を明らかにすることは難しい神である。神名にしても、最もポピュラーな「オオクニヌシ」は、実は主として『古事記』で用いられているものである。『日本書紀』にも「オオクニヌシ」という神名表記はみられるが、『出雲国風土記』には、この神名は一か所も登場しない。『出雲国風土記』では、「オオナモチ（大穴持）」という表記がもっぱら使われ、それに「アメノシタツクラシシ大神（所造天下大神）」という呼称がつく場合や、「天の下造らしし大神」が単独ででるときもみられる。

つまり、『出雲国風土記』においては、オオクニヌシ神の表記は、「記・紀」にみられるような多数ではなく、オオナモチ神に統一されているといえる。また、「天の下造らしし大神」といういい方は、いうまでもなく当初からのものとは考えにくく、出雲地域が全体的に把握されるようになってからのものと考えられる。

「記・紀」のオオクニヌシ神が多くの別名をもつ理由は、もともとそれぞれの神名の神が存在しており、それがオオクニヌシ神に統一されたためと考えられる。したがって、オオクニヌシ神の原像を求めるときは、『出雲国風土記』を用いて、そこにみられるオオナモチ神の実像を追求することが有効である。

そのさい、糸口となるのが『出雲国風土記』にみられる四大神の問題である。四大神については、Ⅱ部の「出雲の四大神と二大社」のところでまたのべることにするが、出雲国で合わせて三九九神いるなかで、四神のみが大神とよばれていることは注目すべきことと思われる。その四大神のうちでも、さらに、熊野大神・佐太《さだ》大神・野城《のぎ》大神の三神はすべて出雲国の東部に鎮座している神であるのに対して、「天の下造らしし大神」は唯一、出雲国西部の神であり、他の三大神と比べると距離的にも隔たりがみられる。このように四大神を二つのグループに分けた上で、オオクニヌシ神、すなわち、オオナモチ神をどのように考えたらよいのかということであるが、この点については、出雲の東部にいた出雲国造家の祖先が、勢力をのばし東部から西部へと進展して、出雲全域を支配するようになった段階において、「天の下造らしし大神」とし新たに奉斎するようになったのではないかと思われる。つまり、本来は、出雲西部の神として信仰されていたオオナモチ神が出雲国造家の祖先によって出雲全体の神として迎えられたと考えられる。

このように考えるならば、オオナモチ神が「天の下造らしし大神」になる以前の姿が問題になってこよう。

朝山六神山について

「天の下造らしし大神」の原像を求める上で、『出雲国風土記』にみえる朝山六神山といわれる一連の山々の記載はみのがせない。それは、出雲国の西部に位置する神門郡にある山々で、

宇比多伎《うひたき》山　郡家の東南、五里五十六歩なり。大神の御屋なり。

稲積山　郡家の東南、五里七十六歩なり。大神の稲積なり。

陰山　郡家の東南、五里八十六歩なり。大神の御陰なり。

稲山　郡家の東南、五里一百一十六歩なり。東に樹林在り。三方は並びに礒なり。大神の御稲種なり。

桙《ほこ》山　郡家の東南、五里二百五十六歩なり。南と西とは並びに樹林在り。東と北とは並びに礒なり。大神の御桙なり。

冠《かがふり》山　郡家の東南、五里二百五十六歩なり。大神の御冠なり。

と記載されている。注目したいのは、ここに登場する六つの山々の役割についてである。ひとつずつみていくと、宇比多伎山は大神、すなわち、天の下造らしし大神の神殿であるというのである。ところが、いうまでもなく天の下造らしし大神（オオナモチ神・オオクニヌシ神）の神殿は出雲大社である。とするならば、この宇比多伎山の記載をどのように解釈したらよいのであろうか。この点に関して一般的には、宇比多伎山自体がオオナモチ神の神体になっているとみるのがふつうである。

しかし、宇比多伎山をはじめとする朝山六神山とともに、宇比多伎山の前に記載されている吉栗山の記載も興味深い。それは、

吉栗山　郡家の西南、廿八歩なり。梔《ひのき》・椙《すぎ》あり。謂《い》はゆる天の下造らしし大神の宮の材を造る山な

り。

というものであり、天の下造らしし大神の宮殿を造るための木材を造成しているというのである。この吉栗山の記載は、次の宇比多伎山の記載と連動すると思われるが、注目すべき点がいくつかある。まず、宮殿の木材を造ると記されている点である。この部分は、ふつう宮殿の木材を伐り出すとか採るとかと解釈されている。もちろん、こうした解釈を誤りと断定するわけではないが、「造る」というところにこだわるならば、吉栗山の森林ではなく、造成林であった可能性も考えられよう。こう考えるならば、『出雲国風土記』が作成された天平五年（七三三）当時においては、天の下造らしし大神の神殿を造るための材木は吉栗山のものを使用するということになっていたと思われる。吉栗山の記載を伝承にすぎないといってしまえばそれまでであるが、巨視的な視野からみるならば、出雲大社と遷宮の問題を考える上でも興味深いといえよう。

吉栗山および朝山六神山の記載には、いずれも郡家、すなわち、神門郡衙《ぐんが》からの方角と距離とが記されている。これによると、朝山六神山は、いずれも神門郡衙から東南の方角になっている。さらに、郡衙からの距離が五里五十六歩から五里二百五十六歩となっている。つまり、位置的に非常に近い関係にあるといってよいであろう。それに対して、吉栗

吉栗山・朝山六神山（朝山郷）関係図

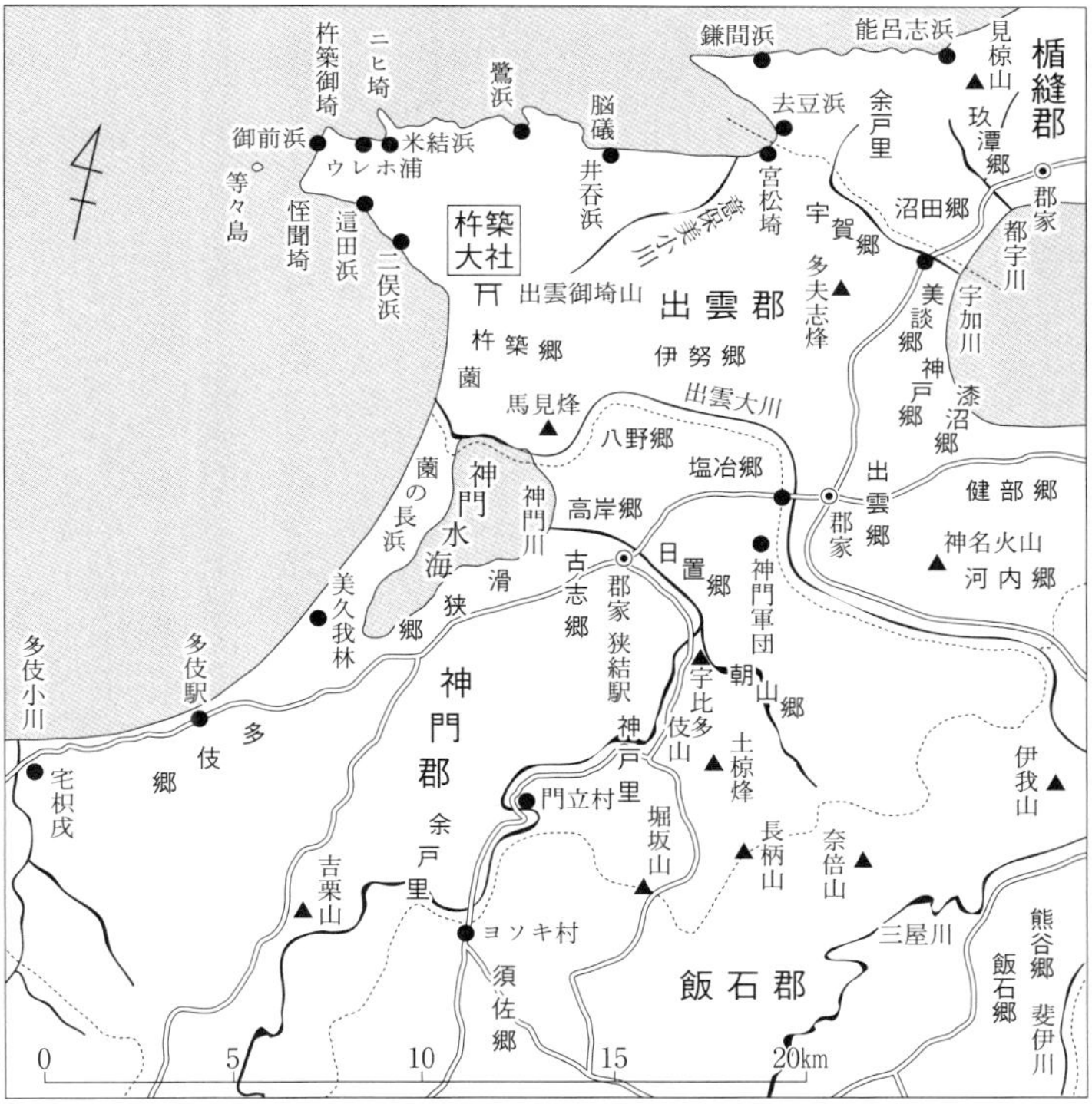

（日本古典文学大系『風土記』所載の地図をもとに作成）

山は神門郡衙の西南二十八里となっていて、朝山六神山とはまったく異なった位置にある。

朝山六神山のひとつである宇比多伎山と吉栗山の位置を図示してみると、吉栗山の東南山麓を神門川（現在の神戸川）が北上しているのがわかる。『出雲国風土記』によると、神門川は、飯石郡の琴引山を水源として、来島《きしま》・波多《はた》・須佐の三郷を経て神門郡の余戸里《あまりべ》の門立村《とたち》に入り、神戸・朝山・古志といった諸郷を経て神門水海へと注ぎこんでいる。したがって、吉栗山からの材木の運搬を想定するならば、冬になる前に伐採した材木を春の雪解けで水量の増した神門川に落とし、水運を利用して下流へと運んだと推測される。神門でくり広げられたであろうこうした作業の具体的な様子については、『出雲国風土記』には記されていないが、斐《ひ》伊川の下流に相当する出雲大川に関しては、

孟春《むつき》より起《はじ》めて季春《やよひ》に至るまで、材木を校《あざな》へる船、河中を沿泝《のぼりくだ》れり。

という描写がみられる。これをみると、一月から三月までの間、山から伐り出した材木を組んでイカダにしたものが川を下るというのである。こうした情景は、おそらく神門川でもみられたことと思われる。

神門川は、最終的には神門水海に流れこんでいる。もしも吉栗山の材木を通説のように

出雲大社の用材とすると、イカダに組んだ材木は神門水海まで運ばれ、そこから北上して出雲大社へと運送されるということになる。しかし、神門水海は、『出雲国風土記』によると、「周り卅《さんじゅう》五里七十四歩」とあって、周囲二〇キロメートル弱にも及んでいた。その具体的な様相については不明な点が多かったが、近年、島根県古代文化センターの調査によってその姿が明らかになりつつある。それによると、八世紀段階における神門水海は、かなり複雑で入りくんだ地形になっており、単なる環状ではなかったことがわかってきている。とくに、神門水海の北側の中央には現在の浜山公園が位置しており、当時においても沈んではいなかった。つまり、この部分は陸地として突起していたと考えられるのである。さらに、神門水海の北辺は、出雲大社の目前にまで迫っており、北辺の汀《みぎわ》線と出雲大社の間は湿地であったと思われる。

こうした地理的環境を考慮するならば、吉栗山から運び出した材木を神門水海をさらに北上して出雲大社までもってくるのは無理があるといえるであろう。それよりもむしろ、伝承にあるように、神門川を下ってきた材木を朝山郷で引き上げ、そこで「大神の御屋」を造ったとする方が合理的と考えられる。そのように考えて、宇比多伎山以外の朝山六神山をあらためてみるならば、

稲積山――→大神の稲積
陰山――→大神の御陰
稲山――→大神の御稲種
栫山――→大神の御栫
冠山――→大神の御冠

ということになる。つまり、稲積山は天の下造らしし大神のための稲穂を積んだところであり、陰山は大神の髪飾り、稲山は大神の稲種、栫山は大神の栫、冠山は大神の冠というわけである。これに大神の神殿である宇比多伎山が加わって朝山六神山となる。これらはいうまでもなく、山をそれぞれにみたてたものであるが、みたての対象になっているものは、天の下造らしし大神の日常生活に必要と思われる品々である。すなわち、大神の衣関係（御陰・御冠）・食（御稲・御稲種）・住（御屋）・武器（御栫）ということになる。

これらの朝山六神山について、加藤義成氏は、

宇比多伎山……朝山と上朝山との間にある標高二〇〇メートル余りの山
稲積山…………上朝山の杉尾神社の岡

陰山……宇比多伎山の東方の標高一八〇メートルの山
稲山……岩根観音の対岸にある稲塚山
桙山……陰山の東方の標高一二〇メートル余りの鞍掛山
冠山……陰山の南方の標高二四〇メートル余りの山

朝山六神山

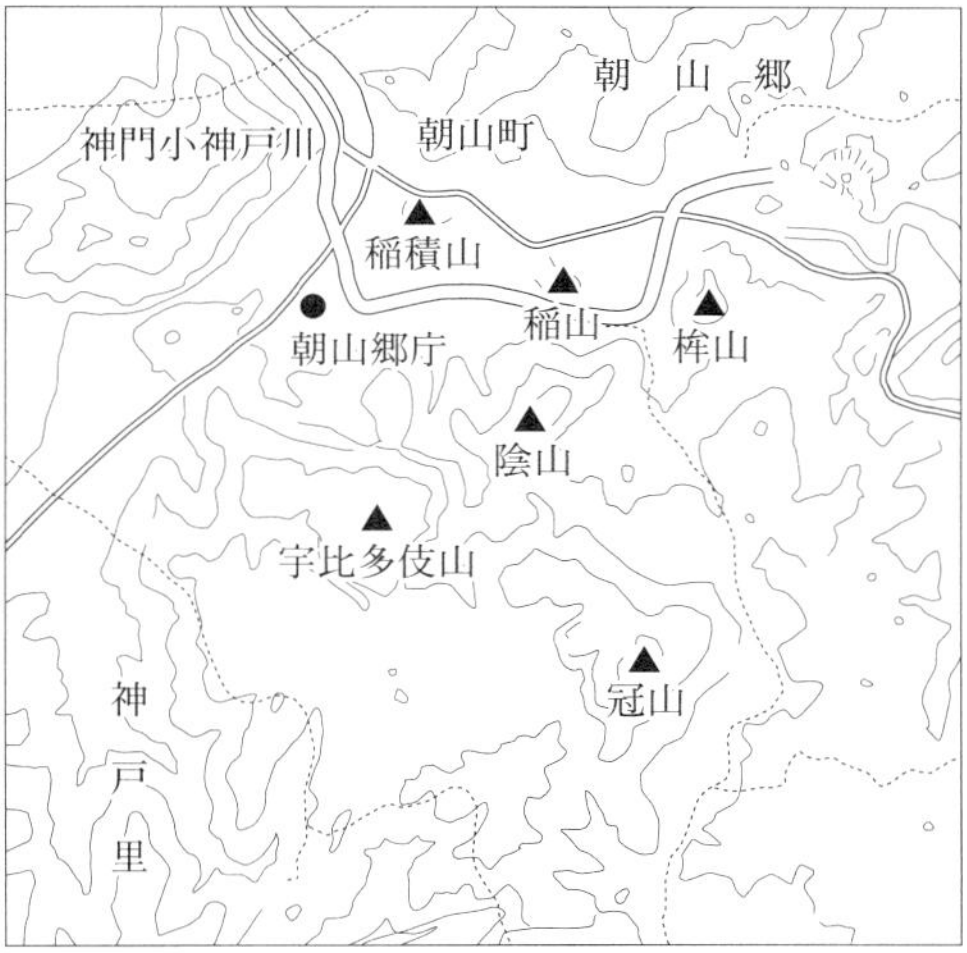

（加藤義成氏作図をもとに一部加筆）

というようにそれぞれを比定された。

それにしたがって地図に六神山をマークしてみると、まず第一に考えつくことは、ここが天の下造らしし大神の基盤、すなわち、鎮座地ではないかということである。しかし、天の下造らしし大神の鎮座地は出雲郡の出雲大社であり、神門郡の朝山郷ではない。また、朝山郷を天の下造らしし大神の鎮座地とすると、朝山郷の伝承が矛盾するともいわれている。すなわち、『出

雲国風土記』の朝山郷の条をみるならば、

郡家の東南五里五十六歩なり。神魂命《かむむすひ》の御子、真玉著玉之邑日女命《またまつくたまのむらひめ》、坐《いま》しき。その時、天の下造らしし大神、大穴持命、聚《つど》ひ給《たま》ひて、朝毎に通ひましき。故、朝山といふ。

とある。これによると、朝山郷は神門郡衙の東南五里五十六歩のところにある。これは宇比多伎山と同じところとなる。ついで、ここにはマタマツクタマノムラヒメ命が鎮座していると記されている。この女神のもとへ天の下造らしし大神が朝ごとに通ってきたとある。つまり、朝山郷に鎮座しているのは、女神のマタマツクタマノムラヒメ命であり、具体的な鎮座地は宇比多伎山ということになる。したがって、宇比多伎山を天の下造らしし大神の御屋とする伝承と矛盾がでてしまうことになる。

朝山郷の神社としては、『出雲国風土記』には神祇官社として「浅山社」が記載されている。したがって、この浅山神社の祭神をどのように考えるかが問題になってくる。通説では、マタマツクタマノムラヒメ命であるが、それではのべたように矛盾が生じてしまう。そこで、この女神とともに天の下造らしし大神を祭るとしたり、本来は天の下造らしし大神が祭神であったとする説がだされている。

しかし、『出雲国風土記』の朝山郷にマタマックタマノムラヒメ命が鎮座しているとあることから考えて、やはり、浅山神社の祭神はこの女神と考えるのが最も自然であろう。それでは、宇比多伎山の伝承にある「大神の御屋」という点をどのように考えたらよいのかがあらためて問題になってくる。この点に関して、従来、宇比多伎山と浅山神社とを同一にとらえていたために解釈ができなくなっていたように思われる。『出雲国風土記』は、宇比多伎山を天の下造らしし大神の神殿にみたてているのである。つまり、宇比多伎山それ自身が神殿といっているのである。あくまでも山自体が神殿なのであって、そこにある浅山神社は天の下造らしし大神の神殿ではないのである。このように解釈するならば、宇比多伎山の天の下造らしし大神が、浅山神社のマタマックタマノムラヒメ命のもとに通ってくるという伝承をスムーズに受けいれることができよう。こうとらえるならば、天の下造らしし大神の鎮座地が神門郡の朝山郷ということになり、通説とは大きな相違が生じることになる。

神門郡と神門氏

そもそも神門郡について『出雲国風土記』は、神門臣伊加曽然《いかそね》が神門を献上したので、その一族を神門臣という、とのべている。そして、神門臣らの本貫がこの地であることから、郡名を神門というとしている。ここにみられる神門については、具体的にどのようなものをいうのか明らかでないが、鳥居もしくはそれに類似したものとするのが通説である。また、この神門は、出雲大社のためのものというのが通説である。

しかし、神門水海の大きさや入りくんだ水海の形状を考えるならば、神門水海の北辺に位置する出雲郡の出雲大社と南辺に勢力をもっていたと考えられる神門郡の神門氏とを即座に結びつけることには問題があるようにも思われる。というのは、朝山郷の宇比多伎山の伝承を重視するならば、ここも天の下造らしし大神の鎮座地ということになり、同じ神門郡の神門氏と宇比多伎山との関係の方がより強いようにも思われるのである。つまり、神門臣伊加曽然が貢《たてまつ》った神門は、宇比多伎山を対象としたものと考えることができないかということである。

そもそも神門氏は、出雲氏と同祖とされ、アメノホヒ命の十二世の孫ウガツクヌ命の後裔とされている。また、神門氏に関しては、『日本書紀』の崇神天皇六十年秋七月条に興味深い伝承がみられる。それによると、天皇が出雲大神宮の神宝の献上を命じたとある。このとき、出雲側の代表であったのが出雲振根《ふるね》であった。この振根については、『出雲国風土記』の出雲郡の健部郷《たけるべ》の条に、神門臣古禰を健部に定めたとあり、ここに登場する神門臣古禰と崇神紀六十年条の出雲振根とは同一人物とするのが一般的である。

さらに、『古事記』の国譲りの段をみると、健部郷に近接する斐伊川の下流である「多《た》芸《げ》志《し》の小浜」に「天の御舎」を造ったとある。この天の御舎については、従来、出雲大社のこととされていたが、近年、異論もだされている。その問題についてここでは深く立ち入ることはしないが、多芸志の小浜は現在の出雲大社とは異なった場所にあり、現在の大社の東方にあたる出雲市武志《たけし》町に比定するのが有力である。武志町は、現在、完全に内陸化しているが、古代には斐伊川の本流や支流によって水辺もしくは湿地であったと推測される。斐伊川は、現在では宍道《しんじ》湖に流れこんでいるが、『出雲国風土記』が編纂された八世紀のはじめには神門水海に注ぎこんでいた。また、宍道湖も当時はいまよりも西方にまでくいこんでいたと思われる。これらのことをふまえると、武志町にあたる一帯は、古代においては、現在の地理的環境とはまったく異なっており、水辺・湿地の状態であったと思われる。

このように、『出雲国風土記』の朝山郷にみられる朝山六神山および、その周辺に目をやるならば、出雲大社を中心とするオオクニヌシ神の世界とは異なったもうひとつのオオクニヌシ神の世界を想定することができるように思われる。いうまでもなく、『出雲国風土記』のなかで中心を占める神は、天の下造らしし大神とたたえられオオナモチ命と表記

朝山郷周辺関係図

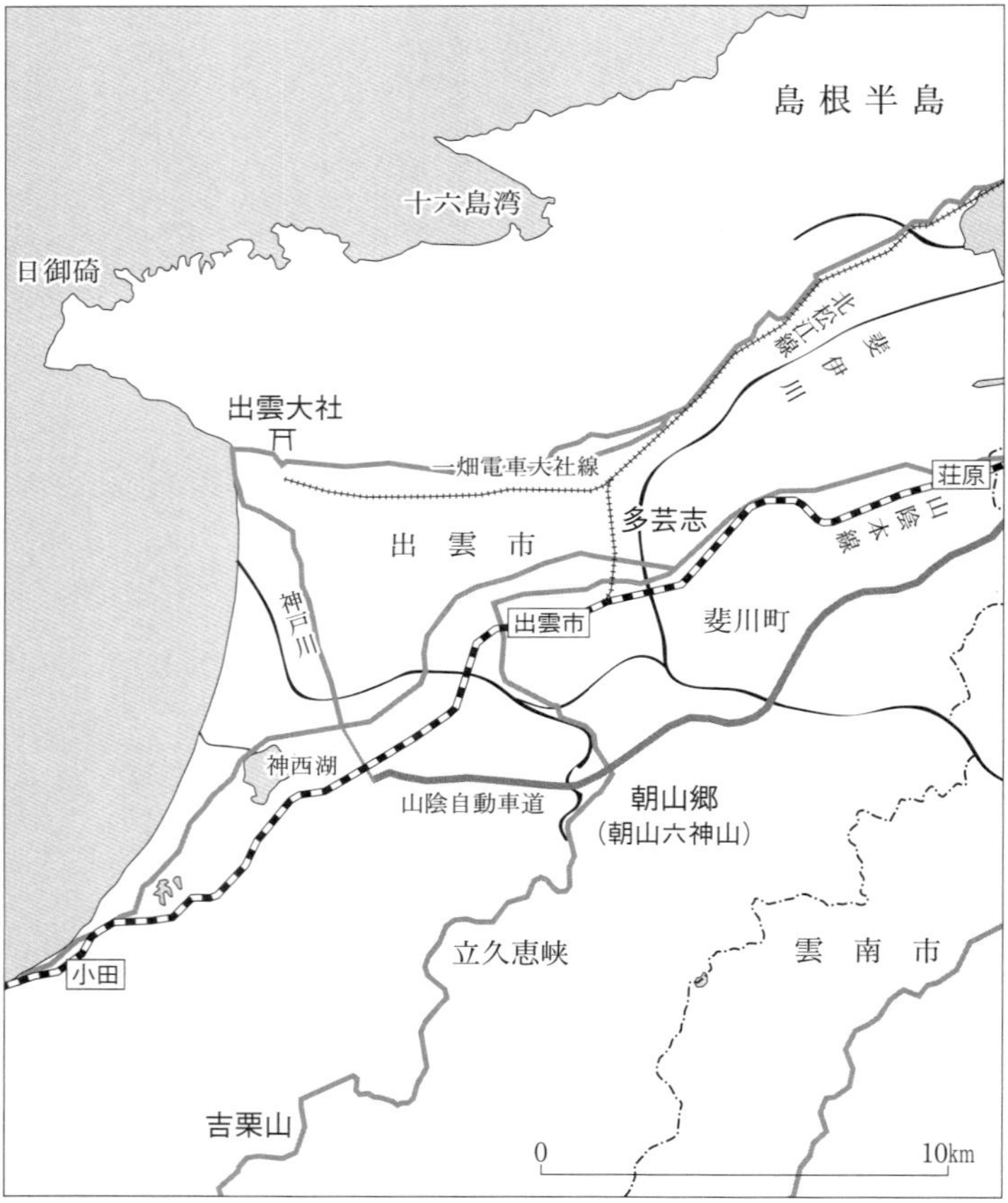
島根半島
十六島湾
日御碕
出雲大社
北松江線
斐伊川
一畑電車大社線
荘原
多芸志
山陰本線
出雲市
神戸川
出雲市
斐川町
神西湖
山陰自動車道
朝山郷
（朝山六神山）
立久恵峡
雲南市
小田
吉栗山
0
10km

されるオオクニヌシ神であり、その鎮座地は出雲大社に他ならない。そうであるならなおさらのこと、朝山六神山をどのように解釈したらよいかが問題になってくる。

この点に関して、天の下造らしし大神の原像ということを想起してみたい。すなわち、『出雲国風土記』によって天の下造らしし大神とたたえられるオオクニヌシ神がまだ西部の神であったころの姿であり、そこには、宇比多伎山を中心としてくり広げられたであろうオオナモチ命への信仰圏が想定されるのではなかろうか。そのオオナモチ命を奉斎していたのが神門氏であり、神門水海の南方から東方にかけての地域、言葉を換えるならば、宍道湖の西側の一帯の水辺・湿地を勢力圏にしていた。その水辺・湿地を開拓する神門氏にとって、開拓神・農耕神としてのオオナモチ命は奉斎する神としてまさにふさわしい神といえよう。

こうした出雲西部へ、東部から出雲氏の勢力が入ってくることによって、オオナモチ命信仰も変容することになる。すなわち、出雲氏によって出雲が統一されるに及んで出雲全域の神として迎えられたオオナモチ命は、天の下造らしし大神となり、出雲大社に鎮座することになったのではなかろうか。

7　二つの国譲りの舞台

「記・紀」の国譲り神話

『古事記』や『日本書紀』の神話、すなわち、「記・紀」神話を通してみると、それぞれの神話には役割があり、したがって、各々の神話はどれが欠けても全体のバランスを崩すことになる。しかし、「記・紀」神話がめざすものが、天皇家による日本列島の支配の正統性であることをふまえるならば、国譲り神話から天孫降臨神話にいたる部分は、とりわけ重要であるということはいうまでもないことであろう。

この部分は、オオクニヌシ神が造りあげた葦原中国、すなわち、地上を高天原へ譲りわたし、それを受けて、高天原からアマテラス大神の孫であるニニギが天降ってくるというものである。そして、ニニギの子孫から初代天皇である神武が生まれることになる。つまり、天皇家が神代から地上の正統な支配者であるということをのべているわけである。

国譲り神話についていうならば、『古事記』と『日本書紀』とでは、細部については相違がみられるものの大きくとらえると、ひとつのパターンともいうべきものがあるように思われる。それは、まずはじめに、アメノホヒ神が国譲りの交渉のため派遣され、ついで、アメノワカヒコ神の派遣となり、最後は、タケミカヅチ神とアメノトリフネ神・フツヌシ神といった神々が天降りしてオオクニヌシ神（オオナムチ神）・コトシロヌシ神たちと交渉をおこなうというものである。

このことを表にまとめると、表1のようになり、それをさらに簡潔にすると図1のようになる。ここで興味深いことは、高天原の神々の天降りした場所は、最後の交渉にあたった神々に関してのみ記され、それは出雲国の「伊耶佐之小浜」（五十田狭之小汀《いたさのおばま》）ということになる。この「伊耶佐之小浜」とは、現在、出雲大社の西方に位置する稲佐浜のこととされている。これはいうまでもなく、神話の上での話であるが、島根半島の西端において国譲りがなされたと認識されていたと考えられる。つまり、「記・紀」神話においては出雲の西端で国譲りがおこなわれたということであり、これは大和からの視点といいかえてもよいであろう。

表1　「記・紀」の国譲り神話

		指令神	派遣される神	地上の対応神
『古事記』		アマテラス大神 タカミムスヒ神	〈アメノオシホミミ神〉 ⇐ アメノホヒ神 ⇐ アメノワカヒコ神 ⇐ タケミカヅチ神 アメノトリフネ神	オオクニヌシ神 コトシロヌシ神 タケミナカタ神
『日本書紀』	本文	タカミムスヒ神	アメノホヒ神 ⇐ オオソビノミクマノウシ（タケミクマノウシ神） ⇐ アメノワカヒコ神 ⇐ タケミカヅチ神 フツヌシ神	オオナムチ神 コトシロヌシ神
	第一の一書	アマテラス大神	アメノワカヒコ神 ⇐ 〈アメノオシホミミ神〉 ⇐ タケミカヅチ神 フツヌシ神	オオナムチ神 コトシロヌシ神
	第二の一書	天神（タカミムスヒ神）	フツヌシ神 タケミカヅチ神	オオナムチ神
	第六の一書	タカミムスヒ神	アメノワカヒコ神	国神

国譲り神話というと、わたしたちは、「記・紀」の神話をまず想起するが、『出雲国風土記』にも国譲り神話が存在する。『出雲国風土記』では、オオクニヌシ神はオオナモチ神

と表記されている。このオオナモチ神が、国譲りをおこなうわけであるが、問題なのはその場所である。『出雲国風土記』では、出雲国と伯耆国との境にある長江山において国譲りがおこなわれている。つまり、出雲国の東端で国譲りがなされているのである。

図１　「記・紀」の国譲り神話の過程

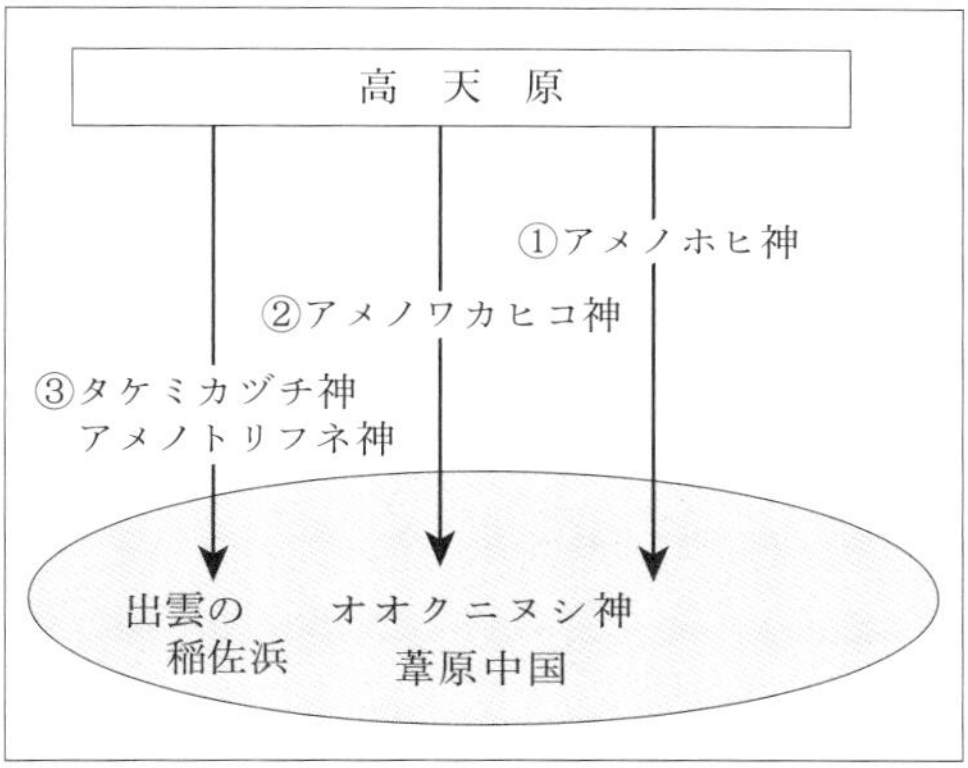

島根県出雲市稲佐浜

「記・紀」の国譲り神話の舞台が出雲国の西部の稲佐浜であるのに対して、『出雲国風土記』では、うってかわって出雲国の東部の長江山であるということは、一体、どういうことであるのか。

このことを考える上で、まず、「記・紀」の国譲り神話を再確認しておくことにする。たとえば『古事記』をみると、一番目の交渉神としてアメノホヒ神が高天原から派遣される。しかし、アメノホヒ神は、地上へ天降りしたのち、三年間にわたって復奏しなかった。

そこで、二番手としてアメノワカヒコ神が派遣されることになるが、この神もオオクニヌシ神の娘であるシタテルヒメ神を妻にめとり、高天原へは八年間も復奏しなかった。

アメノホヒ神・アメノワカヒコ神たちによる国譲りの交渉がうまくいかなかったため、三番目の交渉担当として選ばれたのが、タケミカヅチ神であり、この神にアメノトリフネ神がそえられて地上へ天降りすることになる。二神は、出雲国の「伊耶佐之小浜」(稲佐浜)に降り立ち、海上に十握剣《とつかのつるぎ》を抜いて逆さに立てて、その切先にあぐらをかいてオオクニヌシ神に国譲りを迫った。それに対して、オオクニヌシ神は、自らの返答は避け、ちょうど美保へ行って留守であった子神のコトシロヌシ神に答えを委ねてしまう。その後、コトシロヌシ神、さらに、タケミナカタ神の承諾をへて、オオクニヌシ神も国譲りに応じることになる。

ついで、『日本書紀』の国譲り神話をみてみることにする。『日本書紀』では国譲りについて、本文および三つの一書（別伝承）が何らかの形でふれている。また、これらの一書のうち、高天原からの交渉神が天降りした場所に関して第六の一書は記載がみられない。したがって、ここでは、本文と第一の一書・第二の一書についてみることにする。

最初に、『日本書紀』の本文はというと、おおよそは『古事記』と同様である。まず、アメノホヒ神が天降りするが、オオナムチ神（オオクニヌシ神）にとりこまれ、三年たっても高天原に復命しなかった。それを受けて、今度は、アメノホヒ神の子であるオオソビノミクマノウシ神が派遣される。この神の派遣については、『日本書紀』本文のみにみえる伝承であり、他にはみえないが、この神も父と同様に高天原への復奏はしなかった。

そこで、高天原側はアメノワカヒコ神を天降りさせるが、このアメノワカヒコ神も『古事記』と同じくシタテルヒメ神を妻にして、自らが葦原中国の支配者になろうとして殺されてしまう。

これらのことをへて、フツヌシ神とタケミカヅチ神の二神の派遣ということになる。これら二神は、「出雲国五十田狭之小汀」、すなわち、稲佐浜に天降りすることになる。五十田狭之小汀に降臨した二神は、十握剣を逆さにして地上につき立て、その切先にあぐらを組んで国譲りの諾否をオオナムチ神に問いただす。このとき、二神が剣をつき立てる場所が五十田狭の小汀の大地となっていて、『古事記』の場合の浪の上とは異なっているが、ストーリーの上ではほぼ同じといってよいであろう。これに対して、オオナムチ神は、やはり、自分で決断せずに、三穂碕（美保）へ出かけていたコトシロヌシ神に決定を委ねており、コトシロヌシ神が国譲りに応じるとオオナムチ神も承諾することになる。

これらのことからわかるように、天降りした神々が降り立つ場所は、『古事記』と同じく稲佐浜であり、出雲国の西端ということができる。

ついで、『日本書紀』にみられる別伝承である一書についてみてみると、第一の一書では、アマテラス大神によって、アメノワカヒコ神が地上へ派遣されている。しかし、アメノワカヒコ神は、国神の娘を多数めとって、八年たっても復命しなかったため、殺害されてしまう。

その後、アマテラス大神はアメノオシホミミ神を地上へ派遣するが、この神は、天浮橋に立って、地上はカオスの状態で天降りすることはできないと報告した。それを受けて、アマテラス大神は、タケミカヅチ神とフツヌシ神とを派遣することになる。二神は悪神どもを平定して、出雲へ降りいたったとある。つまり、二神が天降ったのは出雲ということになるが、出雲のどこであるかについてまでは記されていない。

出雲へ天降った二神は、オオナムチ神に、国を譲るか否かについて問いただしたところ、やはり、曖昧な返答しかえられない。すなわち、子神のコトシロヌシ神が「三津之碕」へ行っているので、この神にきいてから答えるというのである。コトシロヌシ神が出かけている場所としては、島根半島の東端にあたる三穂（美保）とするのが、一般的である。しかし、ここにみえる三津碕に関しては、『出雲国風土記』の島根郡の条に御津浜の記載があることから、検討の余地がのこされている。

現在の御津浜

現在、刊行されている『日本書紀』の注釈には、しばしば御津浜の指摘がなされている。美保も御津浜も『出雲国風土記』の島根郡に属していて、いずれも日本海に面している。その点は共通しているのであるが、美保は島根郡の東端に位置しているのに対して、御津浜は、島根郡の西部に所在している。

また、『出雲国風土記』によると、島根郡には御津社があったとされている。この御津社は、御津浜に生活の基盤をもつ漁民たちによって崇敬を受けていたと思われるが、詳細については不明である。

こうしたことをふまえると、『日本書紀』の第一の一書

古代の島根郡

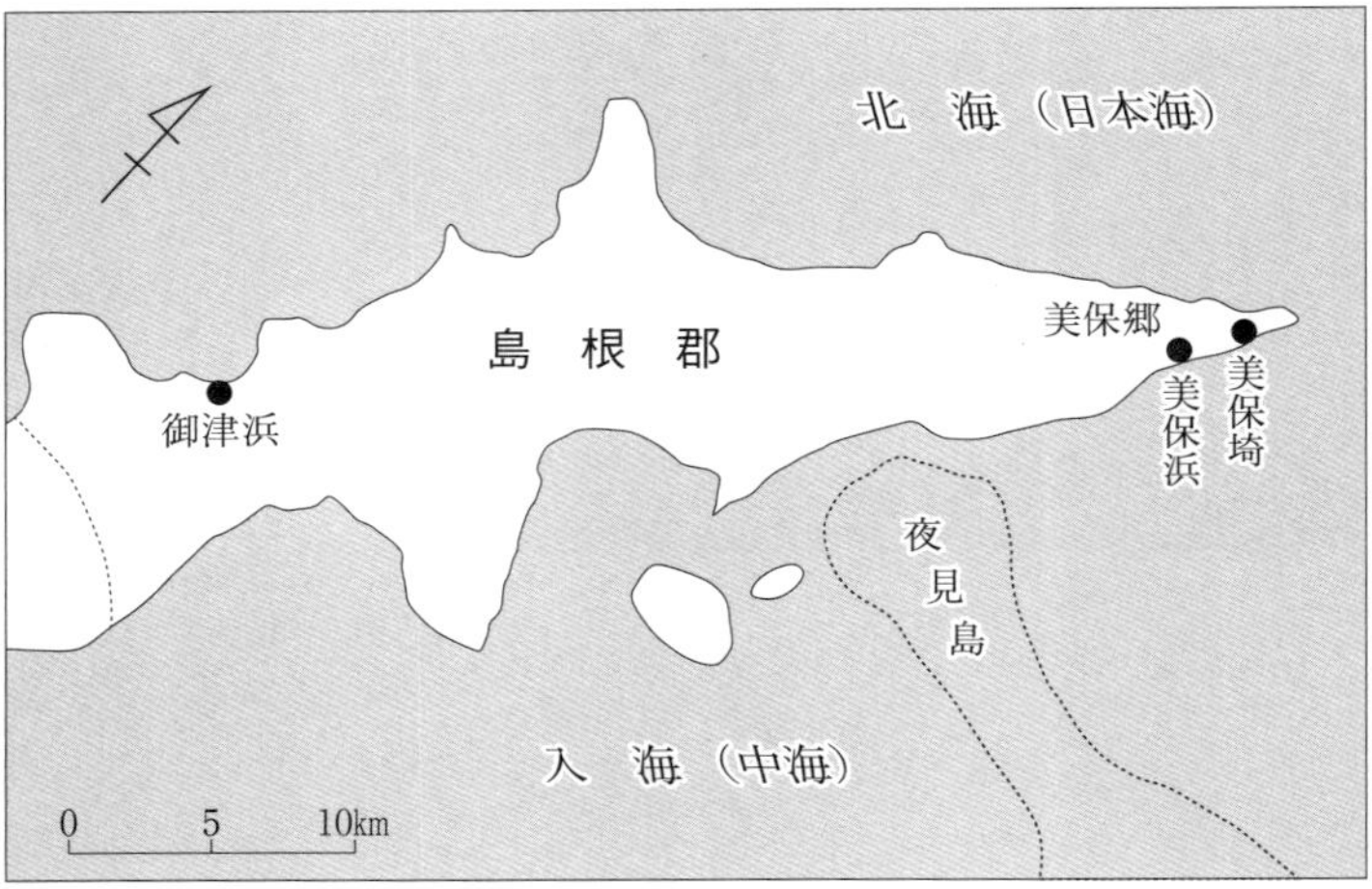

にみられる三津碕を『出雲国風土記』にみられる御津浜と関連づけてとらえることについては、それなりの理由があるように思われる。しかし、「記・紀」の国譲り神話における美保と『出雲国風土記』の浜のひとつとして記載されている御津浜とでは、地名としての重要度において明らかに差がみられる。したがって、第一の一書にでてくる三津を御津浜と関連づけてとらえることには慎重になるべきであろう。

天降り場所が明記されている最後の所伝である『日本書紀』の第二の一書についてみると、天神がフツヌシ神とタケミカヅチ神とを葦原中国へ派遣したとある。二神は、出雲国の五十田狭の小汀に天降り、オオナムチ神に葦原中国を譲るか否かを迫ること

表2　天降り神とその場所

書名	『古事記』	『日本書紀』		
		本文	第1の一書	第2の一書
天降り神	タケミカヅチ神 アメノトリフネ神	フツヌシ神 タケミカヅチ神	タケミカヅチ神 フツヌシ神	フツヌシ神 タケミカヅチ神
	⇩	⇩	⇩	⇩
天降り場所	出雲国の 伊耶佐の小浜	出雲国の五十 田狭の小汀	出　雲	出雲国の五十 田狭の小汀

になる。

するとと、オオナムチ神は、思いもかけない答えを返す。それは、そもそもフツヌシ神とタケミカヅチ神とが地上へきたのは、オオナムチ神に従うためではなかったのか、というものであった。つまり、オオナムチ神は、国譲りに応じるどころか、逆に抗議するのである。フツヌシ神らは、やむをえず高天原へもどって、事情を報告すると、タカミムスヒ神は、二神を出雲へ返すとともにオオナムチ神に勅を下した。その内容は、現世の支配権は高天原へ譲り、オオナムチ神は、幽界の神事に専念せよというものであった。さらに、そのための住居（出雲大社）などさまざまなものの整備も約束したのである。タカミムスヒ神からの一連の配慮を受けてオオナムチ神は、国譲りに同意することになる。

以上、『古事記』、『日本書紀』にみられる国譲り神話のうち、高天原から派遣される神々の降臨地についてとりあげてみた。表2からもわかるように、高天原から派遣された神々が天降りする場所は、出雲国・出雲国の伊耶佐の小浜・出雲国の五十田狭の小汀ということになる。すなわち、現在の稲佐浜がこれに相当する。つまり、「記・紀」神話においては、国譲りは、出雲国の西端でおこなわれたと認識されていたと思われる。しかし、「記・紀」とほぼ同じ時期に編纂された『出雲国風土記』では、稲佐浜とはまったく異なった出雲国の東部で国譲りがなされている。このことをどのように考えたらよいのであろうか。

『出雲国風土記』の国譲り神話

『出雲国風土記』は天平五年（七三三）に成立した地誌である。『日本書紀』成立の一三年後、『古事記』完成の二一年後ということになる。ここで、興味深い問題が生じる。それは、『出雲国風土記』の編纂にさいして、出雲国造をはじめとする編纂者たちは、「記・紀」についての情報を知っていたかどうかという点である。この点については簡単には答えることはできないが、知っていたと考えてもよいのではなかろうか。その理由のひとつに、「出雲国造神賀詞《かんよごと》」の奏上があげられる。これは、出雲国造が代替わりごとに、朝廷に出むいて、天皇の長寿と繁栄を祈る儀礼であり、史料の上では、霊亀二年（七一六）から天長十年（八三三）まで一五例が確認できる。これらのうち、『出雲国風土記』が成立

表３　「出雲国造神賀詞」奏上の事例

国造名	国造任命年月日	神賀詞奏上年月日
果　安	708（和銅元）※	716（霊亀２）２・10
広　島	721（養老５）※	724（神亀元）１・27 726（神亀３）２・２
弟　山	746（天平18）３・７	750（天平勝宝２）２・４ 751（天平勝宝３）２・22
益　方	764（天平宝字８）正・20	767（神護景雲元）２・14 768（神護景雲２）２・５
国　上	773（宝亀４）９・８	
国　成	782（延暦元）※	785（延暦４）２・18 786（延暦５）２・９
人　長	790（延暦９）４・17	795（延暦14）２・26
（姓名欠）		801（延暦20）閏正・16
門　起	803（延暦22）※	
旅　人	810（弘仁元）※	811（弘仁２）３・27 812（弘仁３）３・15
豊　持	826（天長３）３・29	830（天長７）４・２ 833（天長10）４・25

※印の国造は『出雲国造系図』に拠る

する以前の奏上はというと、出雲臣果安《はたやす》と出雲臣広島による計三回の奏上を確認することができる。ちなみに、出雲臣広島は、『出雲国風土記』の最高編纂責任者である。このことからも、出雲国造側が「記・紀」の存在を知っていたとしても不思議ではないといえよう。

　このように考えるならば、なおさら『出雲国風土記』の内容が「記・紀」と相違するということは問題視されてよいであろう。具体的に『出雲国風土記』の国譲り神話にあ

たるところをみてみると、

天の下造らしし大神大穴持命、越の八口を平け賜《ことむ》ひて、還りましし時、長江山に来まして詔りたまひしく、我が造りまして、命《し》らす国は、皇御孫《すめみま》命、平らけくみ世知らせと依さしまつらむ。但、八雲立つ出雲国は、我が静まります国と、青垣山廻らし賜ひて、玉珍置き賜ひて守らむと詔りたまひき。

とある。この伝承は、出雲国の東部にあたる意宇郡の母理郷の条であり、これによると、北陸の八口を平定したオオナモチ命、すなわち、オオクニヌシ神が帰ってくる途中、長江山において国譲りを宣言している。オオクニヌシ神は、自分が国造りをおこない支配している地上は皇御孫《すめみま》に譲ると明言し、ただ出雲国のみは自分が鎮座して統治する国であるとして青垣山をめぐらし、玉を置いて守るとのべている。これは、「記・紀」にみられる国譲りとはまったくといってよいほど異なった内容といえる。

まず何よりも、国譲りがおこなわれる場所が母理郷の長江山という点が注目される。長江山は、出雲国と伯耆国との境にある山とされている。『出雲国風土記』をみると、意宇郡の条に、

国譲り神話の舞台

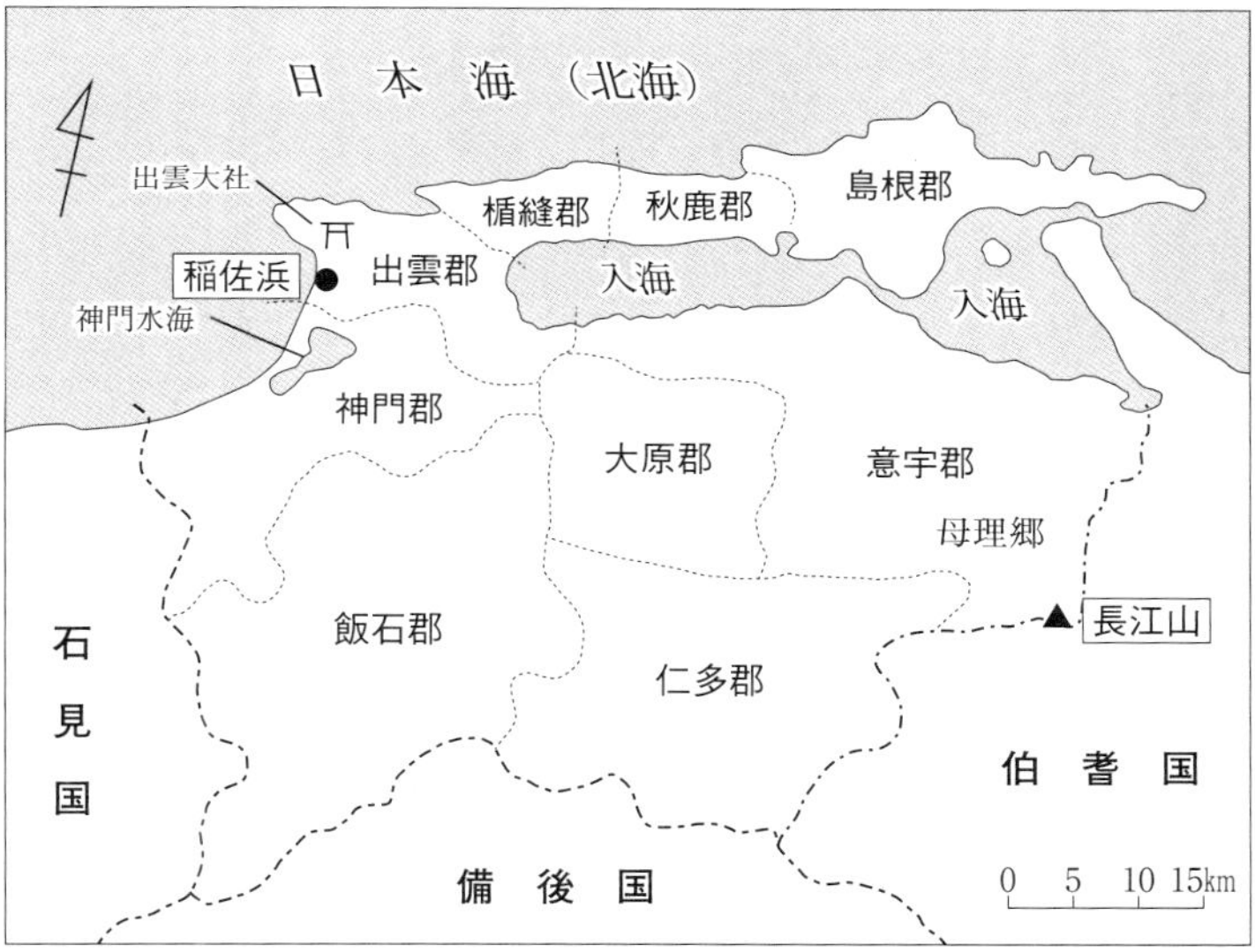

> 長江山　郡家の東南五十里なり。
> 水精有り。

とあり、水精《すいしょう》（水晶）の産地とされている。

長江山について、『日本地名大辞典』（角川書店）は、伯太町の上小竹と鳥取県日南町との境界にある鷹入山の東方の山とし、この山を越えて、伯耆へ行く道があり、長江越しと称すという説を紹介している。また、『日本歴史地名大系』（平凡社）は、長江山を青垣山のこととする説を紹介し、青垣山を地元では長江ゾネ（ゾネは尾根のこと）というとしている。

これらのことからも知れるように、長江山をピンポイントで示すことは容易ではないが、少なくとも出雲国と伯耆国との境の山ということはいえよう。さらに、いつのころからかはわからないが、出雲国と伯耆国とを往来する道があったことも想定できる。

このように、『出雲国風土記』では出雲の東端が国譲りの場所となっている。しかも、オオクニヌシ神は、国譲りには応じると明言すると同時に、出雲国だけは譲らず、従来どおり自分が統治するということもはっきり主張しているのである。こうした内容をもつ『出雲国風土記』が朝廷へ提出されたとはふつう考えられないのであるが、現実に提出されているわけである。このことから考えると、「記・紀」の国譲り神話とは明らかに異なる内容をもつ『出雲国風土記』の国譲り神話を記載してもよいだけの論理が、『出雲国風土記』の編纂にあたった出雲国造たちにあったと考えざるをえない。これは従来、まったくといってよいほどふれられていない点でもある。

出雲国造の論理

のべてきたように、国譲り神話の舞台といえば、稲佐浜、すなわち、出雲の西端と考え

図2　二つの国譲り

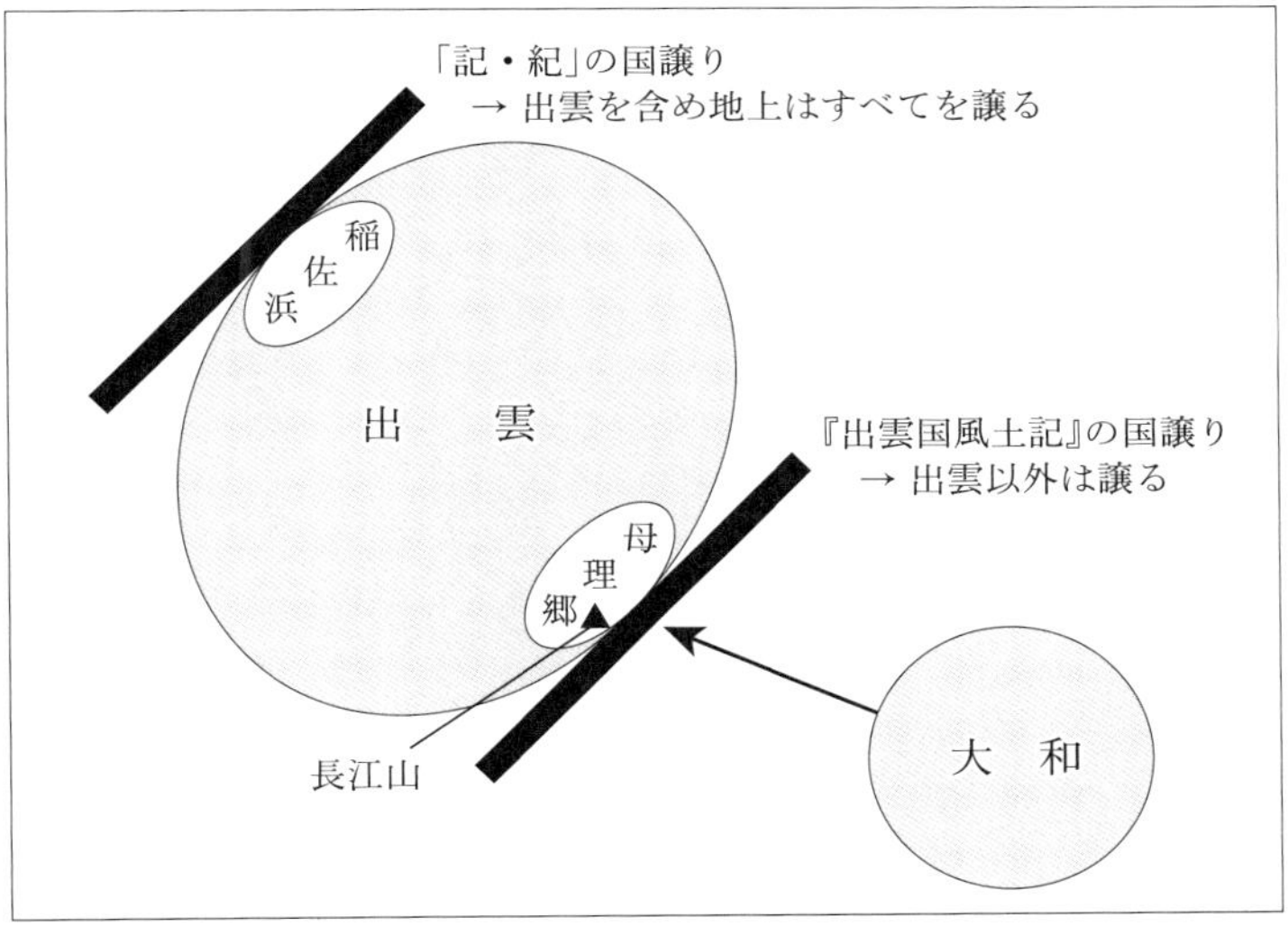

るのが一般的であるが、これは「記・紀」神話でのことである。『出雲国風土記』の場合、母理郷の長江山、つまり、出雲の東端で国譲りがおこなわれている。また、「記・紀」においては、最終的には葦原中国の全域が天孫に譲られているのに対して、『出雲国風土記』では、出雲だけは国譲りから除外されている。こうした相違点をどのように考えるかは興味深い問題である。

これらの相違点を解き明かす手段としては、高天原と地上という対立関係を、大和と出雲という関係に置き換えてみるとわかりやすいのではなかろうか。つまり、大和からの国譲りの要求に対して、「記・紀」の場合には出雲も含めて地上のすべてを譲るというのであるから、大和からみて出雲の一番奥にあたる西部の稲佐浜で国譲りがおこなわれることになる。それに対して、『出雲国風土記』では、出雲だけは譲らないというのであるから、大和からみて出雲の入口にあたる場所、すなわち、東部の母理郷の長江山で国譲りがなされるのである。

このように、「記・紀」と『出雲国風土記』双方の内容を読みこむことによって、国譲りの舞台が出雲の東部と西部の二か所に存在することの矛盾は合理的に解釈できるのではなかろうか。しかし、『出雲国風土記』が国譲りの舞台を東部に設定し、しかも国譲りのあとも出雲だけは譲らないということに対しての論理は明らかにはなっていない。

この点については、すでにとりあげた『日本書紀』の国譲りに関する部分の第二の一書にもう一度、注目してみたい。ここでは、フツヌシ神とタケミカヅチ神とがオオクニヌシ神に国譲りを迫ったところ、逆に抗議を受けてしまう。このことを高天原へ報告したところ、タカミムスヒ神がオオクニヌシ神に勅を出してなだめ、国譲りに応じるように求め、譲歩ともいえるような条件をだす。ここで、タカミムスヒ神が勅のなかでいっていることは、「顕露之事《あらはにのこと》」、すなわち、地上の政治の権限は天孫に譲るようにということである。そのかわり、「神事《かみのこと》」、つまり、幽界のことについてはオオクニヌシ神がつかさどることを承諾している。その上、オオクニヌシ神の住居として、「天日隅宮」（出雲大社）の建設や経済的基盤の田、往来のための船、高橋、浮橋、天鳥船、天安河の橋、白楯なども造ると約束している。そして、オオクニヌシ神の祭祀をおこなうためにアメノホヒ神をあてることも認めている。

このように、タカミムスヒ神の勅は、オオクニヌシ神に対して、いたれりつくせりの内容であるが、とりわけ国譲りの具体的内容が示されていることは重要である。それは、国譲りとは現世の政治的権限の譲渡ということである。いいかえると、幽界の神事に関しては国譲りの対象外ということになる。そして、その幽界の神事については、オオクニヌシ神が天日隅宮、すなわち、出雲大社においておこなってよいというのである。

タカミムスヒ神のこうした勅を受けて、はじめは抵抗していたオオクニヌシ神であるが、すっかり和らぎ国譲りに応じることになる。そして、自ら現世のことについては皇孫が治め、幽事は自分がおこなうと返答している。

これらから明らかなように、タカミムスヒ神の勅こそが、国譲り後もオオクニヌシ神が出雲の出雲大社に鎮座して幽界の統治をおこなうことを認めたものに他ならない。そして、この神勅によって、アメノホヒ神の子孫である出雲国造が『出雲国風土記』にみられるような国譲りを叙述することができたのではなかろうか。

8　天孫降臨神話と土ぐも

「記・紀」の天孫降臨神話

天孫降臨神話は、「記・紀」神話のハイライトといってもよいであろう。高天原からアマテラス大神の孫であるニニギ命が天降りし、地上を支配し、その子孫が天皇になっていくというストーリー展開は、まさに「記・紀」神話の眼目に他ならない。

たとえば、『古事記』によって、天孫降臨神話をみるならば、アマテラス大神とタカキ神(タカミムスヒ神)の命を受けて、アマテラス大神の子であるアメノオシホミミ神が葦原中国の平定が終わったので天降りして統治するようにと命じられる。すると、アメノオシホミミ神は、天降りの準備をしているときにニニギ命という子が生まれたので、この子を降臨させるべきであると申し出る。

ここに登場するニニギ命は、アメノオシホミミ神とタカミムスヒ神の娘であるトヨアキツシヒメ神との間に生まれた子であり、アマテラス大神の孫ということになる。つまり、ニニギ命は、アマテラス大神の系統とタカミムスヒ神の系統の両方につながっているというか、双方を統合した神ということになる。

そのニニギ命を天降りさせようとしたとき、天の八《や》ちまたに照り輝く神がいたので、アメノウズメ神に調べさせたところ、サルタビコ神だと判明する。サルタビコ神は、ニニギ命の天降りにあたって、先導しようと思って姿を現わしたというのである。そののち、ニニギ命は、アメノコヤネ・フトダマ・アメノウズメ・イシコリドメ・タマノオヤの五神を

ニニギ命の系譜

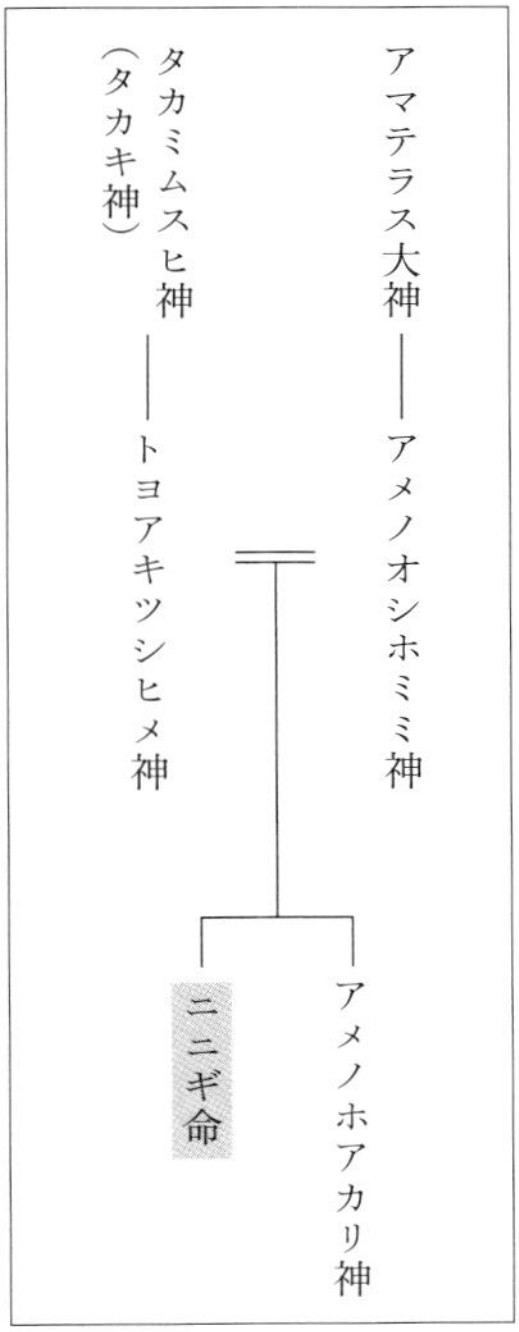

伴って天降りすることになる。また、そのとき八尺《やさか》の勾玉《まがたま》・鏡・草薙剣、さらに、オモイカネ神・タヂカラオ神・アメノイワトワケ神を副《そ》えて、この鏡をアマテラス大神の御魂として祭るようにともいわれる。これに加えて食物神であるトユウケ神もひきつれて、八重にたなびく雲を押し分けて、道をいくつも弁別して日向《ひむか》の高千穂に天降りしたというのである。

この『古事記』の天孫降臨神話では、アマテラス大神とタカミムスヒ神が天降りを指令した神として登場している。しかし、神武に始まる天皇家の先祖がアマテラス大神であり、天皇家が地上を統治する正統性は神代の天孫降臨神話によって保証されているとするならば、天孫降臨を指令する神はアマテラス大神でなければならないであろう。この点に注目して『日本書紀』の天孫降臨神話をみてみると、神話の概要は大筋において共通するものの、降臨を命じる指令神については微妙な相違が生じている。すなわち、天孫降臨神話とされる神代第九段の本文では、アマテラス大神の子のアメノオシホミミ神がタカミムスヒ神の娘のタクハタチヂヒメ神を妻としてニニギ命を生んだことを記したのち、

皇祖高皇産霊尊《たかみむすひ》、特に情愛を鍾《あつ》めて、崇めて養したまふ。

とあって、タカミムスヒ神を皇祖としているのである。『日本書紀』の第九段には、この本文の他に、八つの別伝承、すなわち「一書」が記載されている。それらの一書の要点をみるならば、

①第一の一書⇩アマテラス大神が降臨の指令をおこなっている。
②第二の一書⇩タカミムスヒ神とアマテラス大神の両神が指令神である。
③第三の一書⇩指令神は明記されていない。
④第四の一書⇩タカミムスヒ神が指令神。
⑤第五の一書⇩指令神は登場しない。
⑥第六の一書⇩タカミムスヒ神が司令神。
⑦第七の一書⇩指令神の記述はみられない。
⑧第八の一書⇩指令神の記述はみられない。

となる。

これらの結果をもとにして、今度は『古事記』と『日本書紀』とを全体的にながめて、降臨を命じる神を中心にグループ化するならば、

〔I〕タカミムスヒ神が指令神である。
⇩『日本書紀』本文
⇩『日本書紀』第四の一書
⇩『日本書紀』第六の一書

〔II〕アマテラス大神が指令神である。
⇩『日本書紀』第一の一書

〔III〕タカミムスヒ神とアマテラス大神がともに指令神である。
⇩『古事記』
⇩『日本書紀』第二の一書

となろう。「記・紀」神話が天孫降臨をハイライトにしているという理由を再度、具体的にのべるならば、高天原のアマテラス大神の命を受けた天孫ニニギ命が地上に天降り、統治者として君臨し、子孫の初代天皇である神武へと続いていくという点を強調しているからである。つまり、天孫降臨のさいの指令神はアマテラス大神でなければならない。このようにとらえ、アマテラス大神が司令神である形を完成形としてとらえ、〔I〕から〔III〕までをあらためてみなおすと、〔I〕の形態がまずはじめにあって、そこから〔III〕へ移り、最後は〔II〕となるという変化を想定することが自然であろう。

すなわち、日本神話において、天孫降臨のさいの指令神は、当初はタカミムスヒ神であった。それが、タカミムスヒ神とともにアマテラス大神も指令神に加わるような神話構成になり、最終的にはアマテラス大神のみが指令神となって完成形にいたるという経過が考えられる。

つまり、天孫降臨の際の指令神は、はじめからアマテラス大神であったのではなく、タカミムスヒ神からアマテラス大神へと変化していると考えることができるのである。

指令神の変化

タカミムスヒ神→指令
⇩
タカミムスヒ神
アマテラス大神 }→指令
⇩
アマテラス大神→指令

皇祖神の転換時期をめぐって

それでは、このような指令神の交代はいつどのような背景のもと起きたのであろうか。このことに関しては、

**天孫降臨神話と
７世紀末の皇位継承の比較**

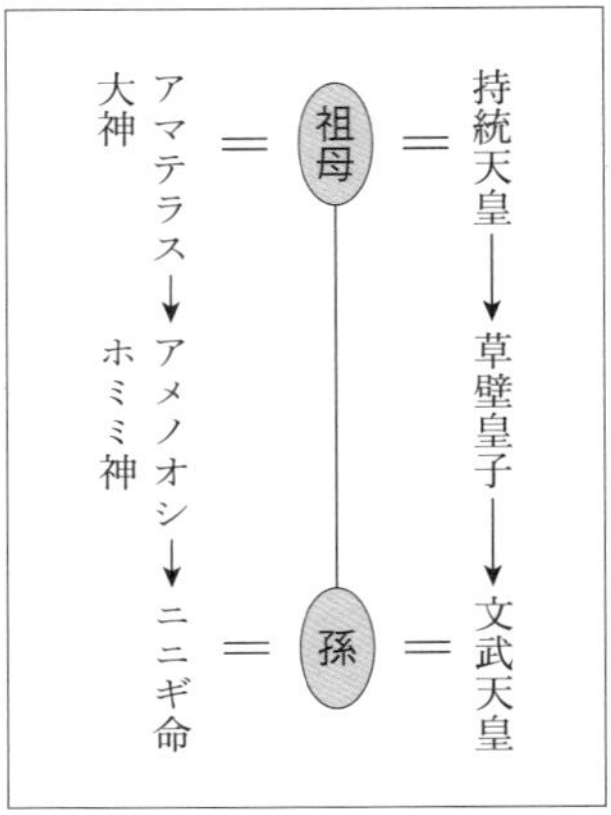

なかなか難しい問題であるが、従来いわれていることは、天武・持統朝のあたり、すなわち、七世紀の後半に大きな変化があったのではなかろうかということである。その理由としては、天武・持統朝における神祇制度の整備・改変があげられ、直接的には、持統およびその後の皇位継承が天孫降臨神話と類似していることがいわれている。

とくに皇位の継承については、興味深いことがいえる。天武天皇が崩御したあと、皇后であった持統は、称制をおこなった。しかし、三年後に皇太子であった草壁皇子が没すると、自ら即位することになる。そして、六九七年に草壁皇子の子である文武を皇太子に立て、その半年後に譲位した。つまり、祖母から孫への譲位ということになる。これは、アマテラス大神（祖母）の命で地上に天降りして統治者となるニニギ命（孫）と同じパターンである。持統天皇としては、夫である天武天皇のあとは二人の間の子である草壁皇子を皇位につけたかった。しかし、その草壁皇子が亡くなってからは、その子の文武、つまり、持統天皇の孫を即位させようとした。こうした持統天皇から文武への皇位継承を正当化するために形成されたのがアマテラス大神の命によって孫のニニギ命が天降りするという構成をとる天孫降臨神話に他ならないのである。そのため、それまでは皇祖神としての役割を担っていたタカミムスヒ神は、その地位をアマテラス大神に譲りわたすことになった、というのである。このように考えてよいとするならば、皇祖神の交代が起きるのは、七世紀後半から八世紀の前半くらいの時期ということがいえるのである。

『風土記』の天孫降臨神話

天孫降臨神話は、「記・紀」神話の要《かなめ》ともいうべきものであり、そこにはさまざまな意図がこめられている。それでは、『風土記』のなかでは天孫降臨神話はどのように語られているのであろうか。

『日向国風土記』の逸文として残されている知鋪《ちほ》郷の条をみてみよう。そこには、

天津《あまつ》彦々火瓊々杵《ひこひこほのににぎ》尊、天の磐座《いはくら》を離れ、天の八重雲を排《おし》けて、稜威《いつ》の道別《わ》きて、日向の高千穂の二上《ふたがみ》峯に天降りましき。

と記されている。ニニギ命が高天原から八重雲を押し分けて、日向の高千穂の二上峰に天降りしたというもので、内容的にみて、「記・紀」の天孫降臨神話を簡略化したものとみてさしつかえないであろう。しかし、このあとから「記・紀」にはみられなかった伝承が展開される。

時に、空暗冥《くら》く、夜昼別《わ》かず、人物道を失ひ、物の色別《いろわ》き難たかりき。ここに、土蜘蛛《つちぐも》、名を大鉏《おほくは》・小鉏といふもの二人ありて、奏言《まを》ししく、「皇御尊《すめみま》、尊の御手以ちて、稲千穂を抜きて籾《もみ》と為して、四方に投げ散らしたまはば、必ず開晴《あか》りなむ」とまをしき。

これが伝承の続きの部分であり、ニニギ命が天降りしたとき、空は暗く夜昼の区別がつかない状態であったというのである。さらに、人はどの道を行ったらよいのかわからず、物の色も識別できなかったとある。つまり、天地開闢以前のカオスの状況をいっていると考えられる。しかし、そこには人間の存在がいわれていたりして不自然な面もみられるが、とにもかくにも天地開闢神話の要素を想起することができよう。

そのような状態のとき、大鉏・小鉏という二人の土ぐもが、ニニギ命に千の稲穂をぬいて籾にして四方に投げ散らすと天地は開闢するであろうと進言する。これは種蒔きの所作と考えられ、これに対して、ニニギ命がとった行動はというと、

時に、大鉏等の奏しが如《ごと》、千穂の稲を搓《も》みて籾と為して、投げ散らしたまひければ、即ち、天開《あか》晴り、日月照り光《かがや》きき。因りて高千穂の二上峯と曰ひき。後の人、改めて智鋪と号く。

とあり、土ぐもに教えられたようにしたところ、天地が開闢し、日月が照り輝いたとある。すなわち、とりあげた『日向国風土記』の逸文をみると、前半はまさしく天孫降臨神話であるが、そのあとに天地開闢神話の要素が盛りこまれていることが読みとられる。つまり、この伝承は全体的には天孫降臨神話といってよいが、単にそれだけではなく、他の神話の要素も入っているということであり、その点において夾雑物が含まれているといってよいであろう。このことは言葉を換えるならば、「記・紀」神話と比較するならば未成熟ということになろう。そして、これは「天地開闢神話」の章でとりあげた『常陸国風土記』の香島郡の条と同じパターンといえる。

また、『日向国風土記』の知鋪郷の伝承で興味をひかれることは、土ぐもの存在である。

ここに登場する二人の土ぐもは、ニニギ命に助言する存在として描かれており、いわば、善の存在ということになる。これは一般の土ぐもの理解とは異なるものである。

土ぐもの実像

土ぐもは、「土蜘蛛」「土知朱」「土蜘」「土雲」「都知久母」などと表記され、さらに、「八掬脛《やつかはぎ》」「国巣《くず》」「佐伯《さえき》」と称されることもある。『風土記』を開くと、陸奥《むつ》・越後・常陸・摂津・肥前・肥後・豊後《ぶんご》・日向といった諸国にその姿をみることができる。しかし、土ぐもと称された存在は一体、どのようなものであったかというと、いまだに明らかにされているとはいい難い。一般には、ヤマト政権の風化に従わず、誅滅された者たちであり、ヤマト政権側が彼らにつけた蔑称であるといわれている。

たしかに、『常陸国風土記』の茨城郡の条にみえる土ぐもに関する、

普《あまね》く土窟《つちむろ》を掘り置きて、常に穴に居《す》み、人来れば窟に入りて竄《かく》り、其の人去れば更《また》、郊《の》に出でて遊ぶ。狼の性、梟《ふくろふ》の情にして、鼠に窺《ひそか》ひ、掠《かす》め盗みて、招き慰《こしら》へらるることなく、弥《いよいよ》、風俗を阻《へだ》てき。

という記述や、『越後国風土記』の逸文として残されている八掬脛の条である、

美麻紀《みまき》天皇の御世、越の国に人あり、八掬脛と名づく。其の脛の長さは八掬、力多く太《はなは》だ強し。是は土雲の後なり。其の属類多し。

という記載をふまえると、土ぐもとよばれた人たちの異形性を感じざるをえない。しかし、本当にこうした人々が実在したのかというと、懐疑的になるのも事実である。

そして、『常陸国風土記』の行方《なめかた》郡の当麻《たぎま》郷の条に、

古老の曰く、倭武《やまとたける》天皇、巡り行でまして、此の郷を過ぎたまふに、佐伯、名は鳥日《とりひ》子《こ》といふものあり。其の命に逆ひしに據《よ》りて、隋便《すなは》ち略殺《ころ》したまひき。

とあるように、天皇などの命に逆らったため殺されてしまうというのが通説的なイメージであるが、そうでない土ぐももみられる。

先にみた『日向国風土記』の知鋪郷の条にみられる土ぐもはその好例であり、他にも、

『肥前国風土記』の佐嘉郡の条に登場する土ぐももそうである。ここに登場する土ぐもは、大山田女《おおやまだめ》・狭山田女《さやまだめ》という名であり、荒ぶる神を和らげるために、下田村の土で人形・馬形を作って荒ぶる神を祭祀するようアドバイスをしている。この二人の土ぐもも名前に「山田」という語句を含んでいることをふまえると、知鋪郷の土ぐもと同様に、農耕に関係があるようにも思われる。

これらの伝承をもとにすると、土ぐもの性格を農耕的な呪術者ということもできるように思われるが、いずれにしても、国家に従わなかった非服従民を土ぐもとする従来の見解は、みなおされなければならないであろう。

II

地域の神々の神話

1　地域の大神

『風土記』のなかの大神

「八百万」と形容される日本の神々であるが、具体的にといわれると、意外と知らないというのが実状ではなかろうか。アマテラス大神とかオオクニヌシ神とかといったいわば代表的な神ならばいざ知らず、その土地の神となると、地元の人でも不案内になる場合が多いのではなかろうか。

しかし、古代からその土地に根ざした神がいたはずであり、その神を信仰する人々が存在していたはずである。ただ、現在、残されている史料などからその実態を追求することは容易ではないというのが実状である。そうしたなかで、『風土記』をみると、そのいくつかのもののなかに「大神」と称される神がでてくることに気がつく。

まず、大神が登場する『風土記』といえば、『出雲国風土記』があげられる。当時、出雲国には三九九の神がいたとされるが、それらのうち、熊野大神・天の下造らしし大神・佐太大神・野城大神の四神については大神という呼称がつけられている。この四大神の詳細は、次章「出雲の四大神と二大社」でのべることにするが、いずれにしても、大神と称された四神が他の神々とは異なった次元の神々と認識されていたということは明らかであろう。

また、「天地開闢神話」の章でとりあげた『常陸国風土記』の香島天の大神もその例である。この神が、国家にも信仰されていたことを示す事例としては、信太郡の榎浦津《えのうらのつ》の条をあげることができる。

> 東海の大道にして、常陸路の頭なり。この所以に、伝駅使《はゆまづかひ》等、初めて国に臨らむには、先《ま》づ口と手とを洗ひ、東に向きて香島の大神を拝《おろが》みて、然して後に入ることを得るなり。

これによると、公務で都から派遣された伝駅使らは、常陸国に入る前に香島の大神に拝礼しなければならないとあり、この神に対する国家の崇敬の厚さがうかがわれる。『常陸国風土記』には、普都《ふつ》大神も大神として記述されている。普都大神は下総《しもうさ》国の香取《かとり》神宮の祭神であるが、香島神宮（鹿島神宮）とは霞ヶ浦をはさむような位置関係にある。また、「天地開闢神話」の章でふれたように、一般的に香島大神とされるタケミカヅチ神と普都大神とされるフツヌシ神とは、「記・紀」神話にみられる国譲りにおいて高天原から派遣される神であることもみのがせない。

この他に『風土記』で大神とよばれる神としては、住吉大神があげられる。『摂津国風土記』の逸文の住吉《すみのえ》の条をみると、住吉の地名の由来が記されている。それによると、息《おき》長足《ながたらし》比売《ひめ》天皇、すなわち、神功皇后の時代に住吉大神が出現し、自らの鎮座地を探して巡行したという。そして、住吉にきて「斯《こ》は実に住むべき国なり」といい、「真住《ます》み吉《え》し、住吉国」とほめたたえて、ここに社を定めたとある。住吉大神は、この他にも『播磨国風土記』の賀毛《かも》郡の条にも大神として姿をみせている。この住吉大神は、いうまでもなく住吉神社の祭神であり、瀬戸内航路を守護するための神として、国家の崇敬が厚かった神である。

海上の守護神としては、北部九州から朝鮮半島へのいわゆる海北道中を守護する宗像《むなかた》三女神も有名であり、この神も『風土記』では大神とされている。『筑前国風土記』の逸文とされる宗像郡の条には、郡名の由来として宗像大神が天降りして、「青蕤の玉を以《も》ちて奥津宮《おきつみや》の表に置き、八尺蕤の紫玉《しるし》を以ちて中津宮《なかつみや》の表に置き、八咫《やた》の鏡を以ちて辺津宮《へつのみや》の表に置き、此の三つの表を以ちて神の体の形」としたという。そこで身形郡《みのかた》といったのを後人が宗像郡というようになったとしている。宗形大神（奥津島比売命）は、『播磨国風土記』の託賀郡《たか》の条に伊和《いわ》大神の子を産む伝承を残している。『播磨国風土記』には、出雲国の阿菩《あぼ》大神、出雲御蔭《みかげ》大神などの存在も記されているが、具体的にどのような神なのかは明らかではない。

また、大山積神《おおやまつみ》の別名として『伊予国風土記』逸文の御島《みしま》の条には和多志《わたし》大神の名がみられるし、『山背国風土記《やましろ》』逸文の可勢《かせ》社の条には可勢大神が男神と記されている。他には、アマテラス大神・国生みましし大神（イザナキ神）・八幡大神なども『風土記』にみることができる。

これらの大神たちが「大神」と称せられる理由は地域レベル・国家レベルなどさまざまであろうが、いずれにしても他の神々と比較して、より重要な神と認識されていたということはできよう。『風土記』にみられる大神としては、『播磨国風土記』に登場するイワ大神も興味をそそられる大神である。

『播磨国風土記』とイワ大神

イワ大神は、『播磨国風土記』のなかでは代表的な神として存在している。しかし、他の『風土記』には姿をみせることはなく、いわば播磨国限定の大神といえる。宍禾《しさわ》郡を本貫とした伊和君の奉斎神とされるが、出雲系の神ともいわれ、オオナムチ神やアシハラノシコオ神、すなわちオオクニヌシ神と同神とする説もある。ちなみに、十世紀のはじめに成立した『延喜式』の神名帳には、宍粟（宍禾）郡に伊和坐大名持御魂神社がみえる。

具体的に『播磨国風土記』によって、イワ大神の姿を追うならば、揖保《いいぼ》郡の香山《かぐやま》里の条に、国占《くにじ》めの伝承がみられる。国占めとは、国見や国ぼめと同様に土地の占有のためにおこなう行為であり、同郡の林田里にも、

林田里　本の名は談奈志《いはなし》なり。土は中の下なり。談奈志と称ふ所以は、伊和大神、国占めましし時、御志《みしるし》を此処《ここ》に植《た》てたまふに、遂に楡《いはなし》の樹生ひき。故、名を談奈志と称ふ。

とあって、ここでは、国占めのしるしとして楡を植えたところ、それが根づいたといって

おり、国占めが成功したことをものがたっている。宍禾郡の伊加麻《いかま》川の条には、イワ大神が国占めをしたとき、この川に烏賊《いか》がいたとある。海の烏賊が内陸の川にいるという不思議な伝承である。また、同郡の波加《はか》村の条には、「国占めましし時、天日槍《あめのひぼこ》命、先に此処に到り、伊和大神、後に到りましき。ここに大神大きに恠《あや》しみて、のりたまひしく、度《はか》らざるに先に到りしかもとのりまたひき」とあり、アメノヒボコと土地の占有をめぐってもめた様子が描かれている。この点に関しては、神前《かんざき》郡の糠岡《ぬかおか》の条に、「伊和大神と天日桙命と二はしらの神、各《おのおの》、軍を発して相戦ひましき」とあって、二神が戦った伝承がのこされている。

具体的に「国占め」という言葉はでてこないが、讃容《さよ》郡の吉川の条には、イワ大神の玉がこの川に落ちたとあり、宍禾郡の比良美《ひらみ》村には、大神の褶《ひれ》がこの村に落ちたという伝承がみられる。これらはイワ大神が身につけていたものが川や村に落ちることによってそこが大神の影響下に入るという感触呪術（接触呪術）と考えられ、国占めと同じ力をもっていると思われる。イワ大神は、このようにさまざまな形で播磨国の土地占有をおこなっているが、興味深いことはすべてが成功しているわけではないことである。たとえば、讃容郡の筌戸《うえと》の条をみると、イワ大神は出雲国からやってきたことになっており、この川に筌《うえ》（水中に沈めて魚を捕らえる漁具）をしかけたが、魚は入らず鹿がかかったとある。そこで大神は、鹿で鱠《なます》を作って食べようとしたところ、「み口に入らずして、地に落ちき。故、此処を去りて、他に遷《うつ》りましき」とある。その土地のものを食べそこなった、ということはとりもなおさず、その土地の占有に失敗したということをものがたっている。讃容郡の条にも、妹のタマツヒメ命との国占めに敗れ、他所へ去ることをよぎなくされたイワ大神の姿が描かれている。イワ大神は『播磨国風土記』のなかでは最高神の位置を占める神であるが、そうであるからといって絶対的な権力をもっているわけではない、というところは大変、興味深い。

『播磨国風土記』には、国造りの神としてのイワ大神の姿もみられる。宍禾郡の伊和村の条には、大神がここで酒を作ったことをのべたあと、

大神、国作り訖《を》へましし以後、のりたまひしく、「於和《おわ》。我が美岐に等《まも》らむ」とのりたまひき。

とあり、イワ大神が国造りののち、ここに鎮座して見守ることを宣言したことになっている。宍禾郡の条でも、国造りを終えたあと、各地を巡行するイワ大神が描かれている。イワ大神の巡行については、揖保郡の阿豆《あず》村の条にも記されている。

また、イワ大神の眷族《けんぞく》神についてみるならば、宍禾郡の雲箇《うるか》里の条に、

大神の妻、許乃波奈佐久夜比売《このはなさくやひめ》命、其の形、美麗《うるは》しかりき。故、宇留加といふ。

として、コノハナサクヤヒメ命が妻であったことが記されている。しかし、その一方、託賀郡の袁布《おふ》山の条には、「昔、宗像大神、奥津島比売命、伊和大神の子を妊《はら》みまして、此の山に到来《き》たりて、のりたまひしく、我が産むべき時訖ふとのりたまひき」とあり、オキツシマヒメ命との婚姻関係もみられる。女神との婚姻に関しても、イワ大神は失敗することがあった。宍禾郡の安師《あなし》里の条をみると、ここでイワ大神が食事をとったことがのべられ、さらに、安師という地名の由来は安師川に因るとし、

その川は、穴師比売《あなしひめ》神に因りて名と為す。伊和大神、娶誂《つまどひ》せむとしましき。その時、此の神、固く辞《いな》びて聴かず。ここに、大神、大《いた》く瞋《いか》りまして、石を以《も》ちて川の源を塞《せ》きて、三形《みかた》の方に流し下したまひき。故、此の川は水少し。

と記している。この伝承は、イワ大神が安師里で食事をとった、という部分からは土地の

占有がうかがわれ、後半部分からは、その背景に水利争いを想定することができよう。そうしたなかでイワ大神が穴師比売神に婚姻を申しこんだところ、女神は固くこれを拒んだのでイワ大神の怒りが爆発し、安師川の源をせき止めたという具合に伝承が展開されている。播磨国の最高神であるイワ大神の伝承としては、いささか不名誉なものといえるかもしれない。

また、イワ大神の妹としては、すでにタマツヒメ命のことをのべたが、他に宍禾郡の阿和賀山《あわか》の条に、アワカヒメ命が鎮座していることが記されている。この他にイワ大神には多くの子神の存在も確認することができる。餝磨郡《しかま》の英賀里《あが》の条には、アガヒコ神・アガヒメ神がいたとあり、揖保郡の伊勢野の条には、山の峰にイセツヒコ命・イセツヒメ命がいてこの地を開墾しようとする人々の妨害をしたことが記されている。イセツヒコ・イセツヒメの二神は、のちに、山の麓に建立された神社に祭られて和らいだとある。同郡の美奈志川の条には、イワタツヒコ命・イワタツヒメ命の二神が記されている。ここでは、この二神が激しい水利をめぐる争いをくり広げていて、先にみた安師川と類似した一面をみせている。宍禾郡の雲濃里《うの》の条には、イワ大神の子であるタマタラシヒコ命・タマタラシヒメ命がオオイワ命を産んだことが記されている。この伝承からは、イワ大神の子神のみならず孫神までの記載をみることができ興味深い。神前郡の条には、タケイワシキ命がい

イワ大神関連の伝承分布

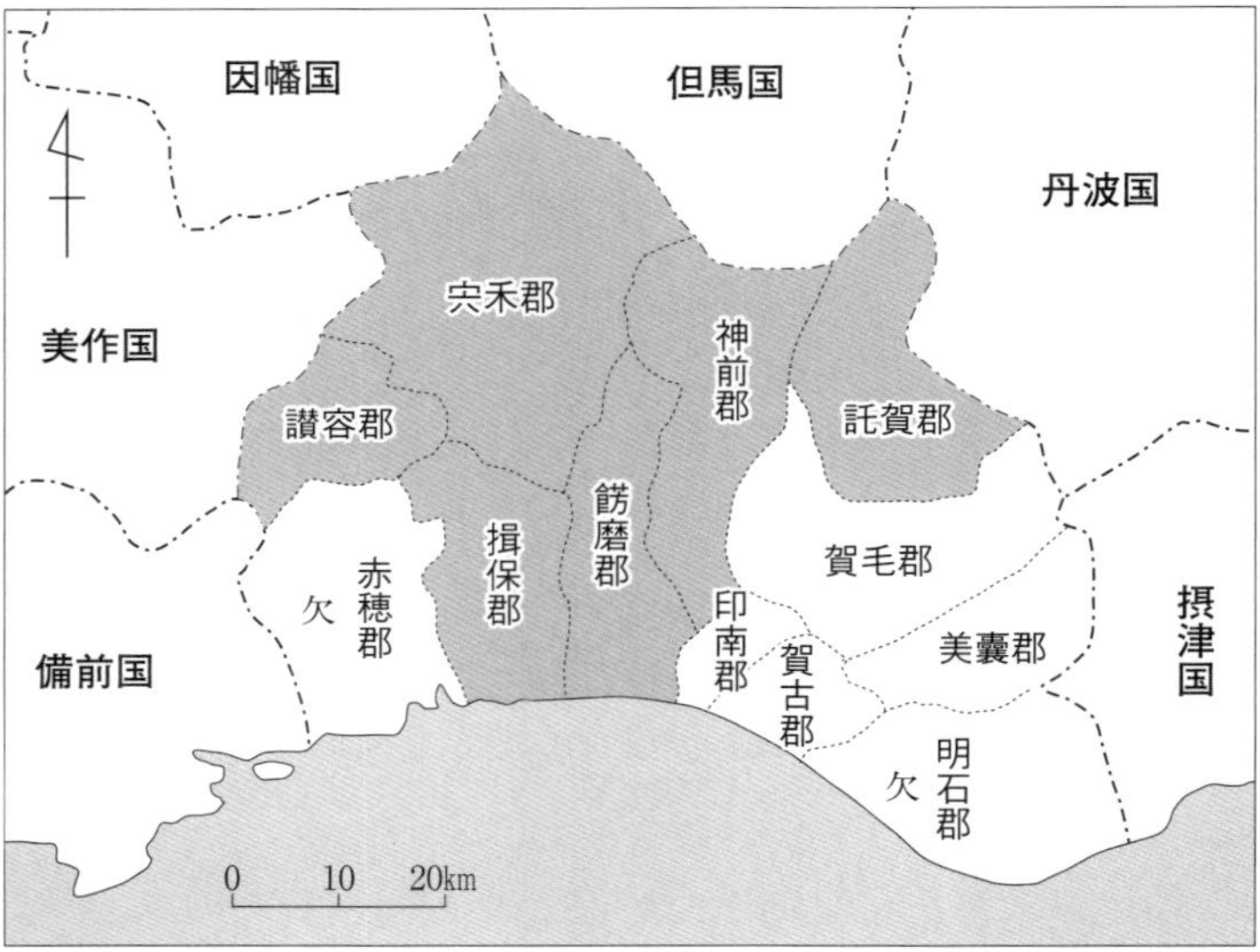

る。この神は、託賀郡の都太岐《つたき》の条で、讃岐のサヌキヒコ神と丹波のヒカミトメ神との間に争いが起きたとき、ヒカミトメ神の側に立ちサヌキヒコ神を破ったタケイワ命と同神とされている。

　このようにイワ大神は、『播磨国風土記』のなかにおいて自身および眷族神の伝承を多くのこし、まさに播磨国を代表する大神としてふさわしいといえるが、さらに細かくみると、興味をひかれる事実がみえてくる。それらの伝承が記載されている郡を図にしてみると、かたよりがみられることに気がつく。『播磨国風土記』が作られた八世紀の前半の播磨国は、一二の郡によって構成されていたが、現存する『播磨国風土記』には赤穂郡と明石郡の記事は欠損してしまっている。したがって、記載がみられるのは一〇郡ということになる。これら一〇郡のうち、イワ大神に関する伝承がのこされているのは、揖保郡・讃容郡・宍禾郡を中心に餝磨郡・神前郡・託賀郡の合わせて六郡である。この分布を図にすると、播磨国の西部から中央部にかけての地域となる。つまり、東部にはイワ大神の分布の痕跡がみられないということになる。

このことは、とりもなおさず、イワ大神の信仰圏を表わしているといってよいであろう。すなわち、イワ大神は『播磨国風土記』のなかで代表的な大神であるが、とくに播磨国の西部から中央部にかけての地域を信仰基盤とする神であり、東部にまではその信仰圏は及んでいなかったということができる。

2　出雲の四大神と二大社

神々の国、出雲

出雲は神々の国とか神話の国とかといわれる。実際のところ、出雲には古代から数多くの神社があったことが確認できる。天平五年（七三三）にまとめられた『出雲国風土記』をひらくと、冒頭の総記の条に、

合せて神社三百九十九所なり。
一百八十四所は、神祇官に在り。
二百一十五所は、神祇官に在らず。

8世紀初期の出雲国の神社

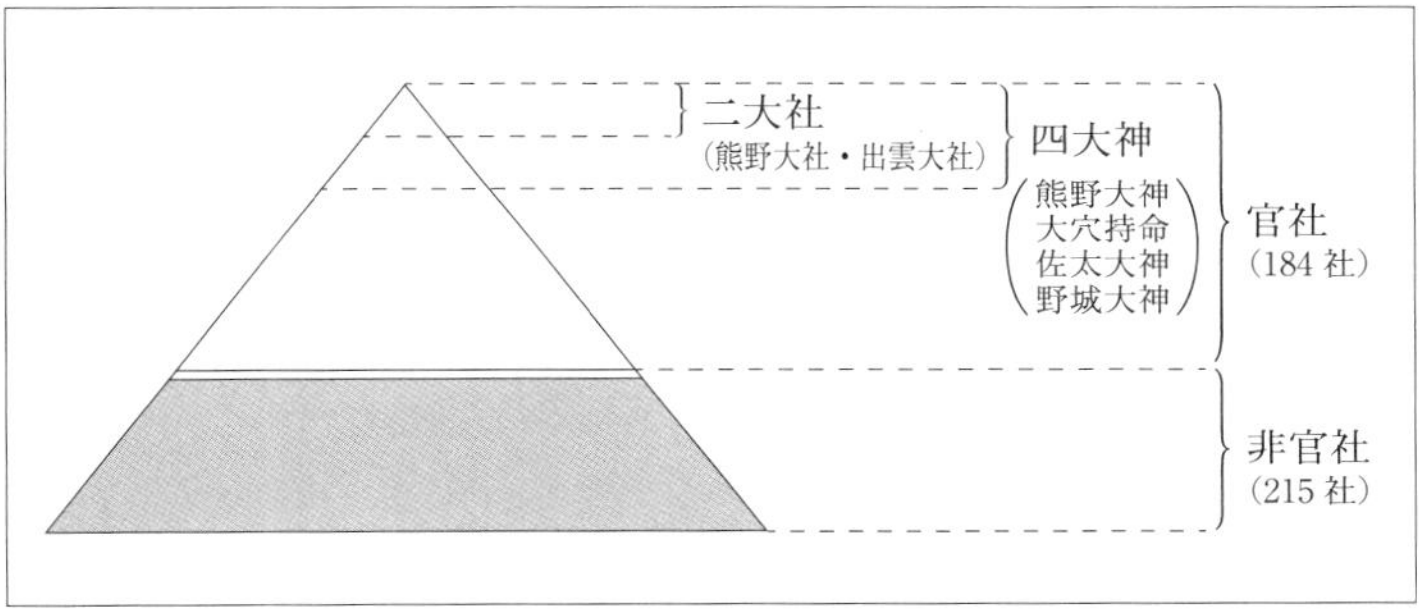

と記されている。ここから、八世紀のはじめの出雲国には、三九九の神社が存在していたことがわかるのである。しかも、そのうちの一八四社は神祇官の台帳に登録され、国家の保護をうけている神社、つまり、官社(神祇官社)であることも知ることができる。

一般的には、ある国に官社がいくつ存在しているかを知ることができるのは十世紀はじめに成立した『延喜式』の神名帳によってである。この神名帳に記載されている神社が、延喜式内社とか単に式内社とかといわれるものであり、古代からのいわゆる古社ということになる。このようにふつうの国の場合、国内の官社の総数を把握することができるのは、十世紀初期の段階になってからであるが、出雲国についてはそれよりも二世紀も早い八世紀初期の段階で国内の神社数、そして官社数をおさえることができる。さらにいうと、他の国では知ることので

出雲の四大神

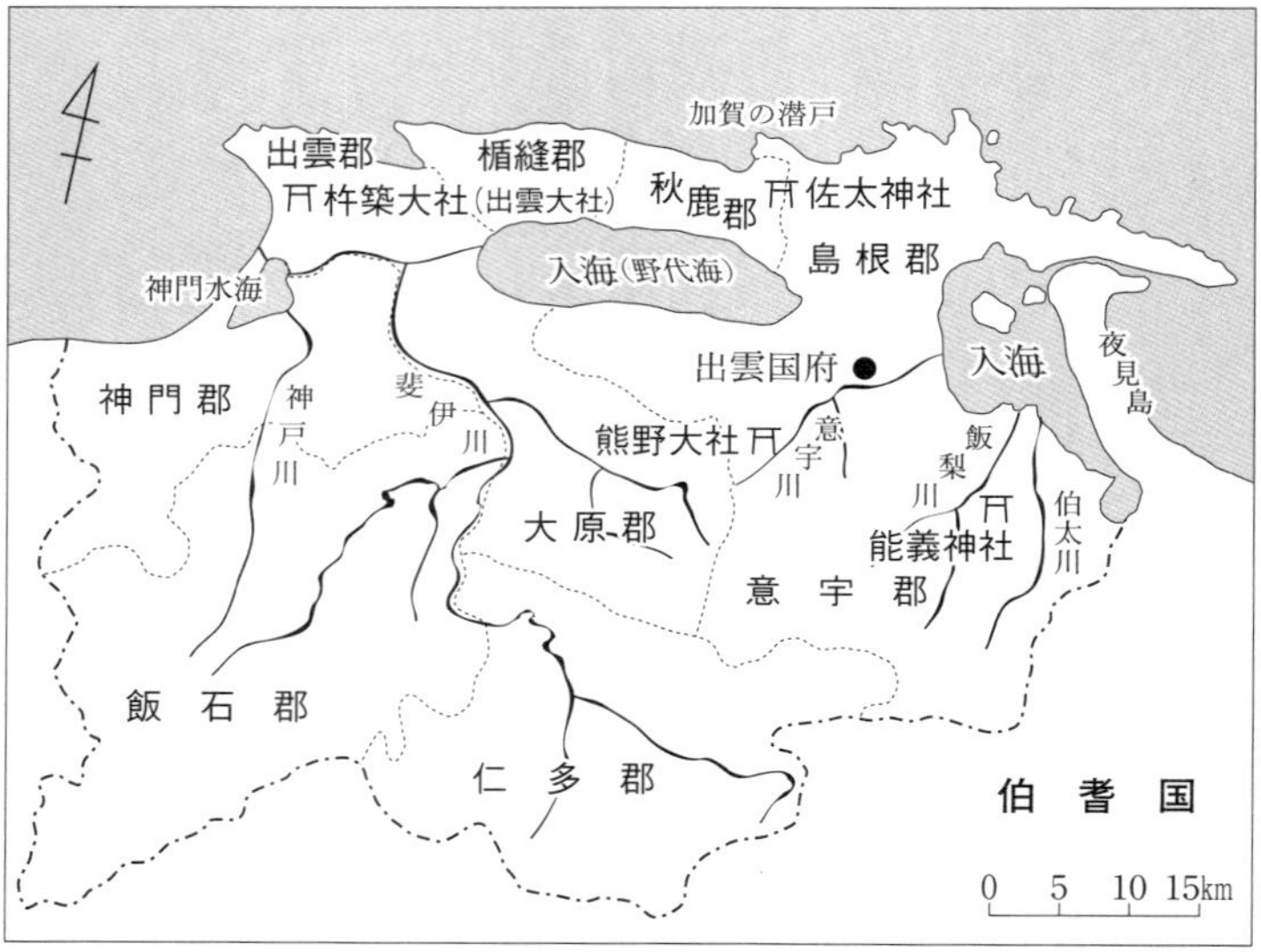

きない非官社の数までわかるのである。

　このように、『出雲国風土記』には、あまたの神々が登場しているが、それらの神々のなかでも、熊野大神・佐太大神・野城大神、そして「天の下造らしし大神」とたたえられている大穴持命の四神は、特別に「大神」とされている。また、これらの神々が鎮座する神社のうち、熊野大神の社《やしろ》と大穴持命の社だけは、それぞれ熊野大社・杵築大社というように、「大社」と記されている。このことから、熊野大神と大穴持命の二神は、四大神のなかでもさらに別格として扱われていたと思われる。

こうした『出雲国風土記』にみられる四大神・二大社には、当然のことながらそれなりの必然性があったはずである。そして、この必然性は、古代出雲の地域史とも密接にかかわっていると考えられる。

熊野大神

まず、四大神をそれぞれ個別にみていくことにしよう。熊野大神は、大穴持命とともに、その社が大社と記されていて、四大神のなかでもさらにランクがひとつ上に位置づけられている。しかし、『出雲国風土記』のなかでは大穴持命があくまでも中心的な神であり、熊野大神は大穴持命に遠く及ばない。

ただし、興味深いのは、『出雲国風土記』をみると、神格としては大穴持命より熊野大神の方が上位とされていることである。これは大穴持命が国神《くにつかみ》なのに対して、熊野大神は天神《あまつかみ》であるからであるともいわれている。たしかに、『令義解《りようのぎげ》』では、天神として「伊勢・山城鴨・住吉・出雲国造斎神」をあげている。ここにみられる出雲国造斎神が熊野大神である。ちなみに、『令義解』は、地祇《くにつかみ》として、大神・大倭・葛木鴨とともに出雲大汝《おおなむじ》神をあげており、この出雲大汝神がとりもなおさず大穴持命である。『令義解』は天長十年（八

熊野大社

三三）の完成とされており、このことから九世紀の初期のころの中央政府の意識としては、出雲国造が奉斎している神は熊野大神であるとされていたと考えられる。しかし、『出雲国風土記』において、実際に出雲国造が奉斎しているのは大穴持命である。つまり、八世紀初期の段階では、すでに大穴持命が出雲国造によって祭られる神となっているのである。

このように、熊野大神には出雲国造による祭祀をめぐってギャップがみられるが、さらに「出雲国造神賀詞」のなかでは、櫛御気野命《くしみけぬ》という神名でよばれており、熊野大神の本質をいっそう不透明なものにしている。

その鎮座地については、『出雲国風土記』の意宇郡の熊野山の条に「熊野大神の社、坐す」とあることから、熊野山、つまり現在の天狗山であるといえる。しかし、熊野大神がどのような神であったかについては、なかなか知る手がかりがつかめない。

そこで、熊野という名称に注目してみたい。古代には、出雲の他にも紀伊の熊野をはじめとして、いくつかの熊野を地名や神名として確認することができる。こうした熊野という地名や神名がみられる諸地域について検討してみると、ほぼ共通するパターンが想定される。それは何かというと、まず近くに海があり、さらに付近の海岸線はリアス式などになっていて複雑な様相を示しており、そこから平野になっていて背後に山がある、というものである。熊野は、奥まった野、という意味であり、海からみて奥まった場所ということに他ならない。そして、興味深い点は、これらの熊野とよばれる地域の周辺には、黄泉国に関する伝承や常世国《とこよのくに》などに代表される神仙思想に結びつく要素がみられる、という特徴を指摘することができることである。

こうした特徴を出雲国の熊野大神にあてはめてみると、大神の鎮座地の北方にあたる島根半島の東部はリアス式海岸になっている。また、東方には粟島があり、ここには常世国に関する伝承があったことが『伯耆国風土記』の逸文から知られる。

つまり、熊野大神の原像は、熊野と名づけられた他の地域の神々と同様な性格をもった地域神であり、具体的には意宇郡に拠点を構えた出雲国造の祖によって祭られていた神と推測することができる。

佐太大神

佐太大神は四大神のなかでもユニークな神である。『出雲国風土記』によると、島根郡の加賀《かか》郷が誕生の地であり、神魂命の御子神である支佐加比売命《きさかひめ》から生まれたとされる。誕生のときの状況はというと、母神が「闇《くら》き岩屋なるかも」といって金の弓で岩屋を射ぬいたというのである。この岩屋は島根郡の加賀神埼《かんざき》にある洞窟とされており、現在の加賀の潜戸《くけど》がこれにあたるといわれている。『出雲国風土記』によって、もう少し佐太大神の誕生の時の様子をみると、大神が生まれるときに弓箭《ゆみや》が紛失してしまった。そこで、母神が「吾が御子、麻須羅神《ますらがみ》の御子にまさば、亡《な》せし弓箭出て来」と願ったところ、角製の弓箭が水のまにまに流れ出てきたので、母神は「此の弓箭は吾が弓箭にあらず」と投げすててしまう。次に金の弓箭が流れてきたので、母神はそれをとって岩屋を射ぬいたというのである。さらに、母神がここに鎮座していること、また、この岩屋のあたりを通る船は声をとどろかせていかなければ神が現われてつむじ風を起こして船をくつがえしてしまうことなども記されている。

佐太大神の誕生をめぐるこれらの伝承には、興味深い点が含まれている。まず、佐太大神の鎮座地であるが、伝承では母神についていては記載しているにもかかわらず、佐太大神のことにはふれていない。実は、佐太大神の鎮座地とされるのは、『出雲国風土記』の秋鹿郡の条にみられる佐太御子社であり、現在の佐太神社がこれにあたるとされている。佐太神社は完全に内陸部に位置しており、海岸部で生まれた佐太大神が内陸部に鎮座しているということになる。このことをどのようにとらえるかが問題になるであろうが、島根郡の伝承が詳細なのに対して、秋鹿郡には佐太御子社のことくらいしか佐太大神の記載がみられないことを考慮に入れるならば、やはり佐太大神は島根郡の加賀郷を基盤とする神と推測することができよう。

また、佐太大神の誕生伝承は、しばしば丹塗矢《にぬりや》伝承との関係が指摘されている。男神が矢に姿を変えて女神と通じるという丹塗矢伝承は、神婚説話のひとつのパターンであり、たしかに佐太大神の誕生伝承にも共通するところがみられる。しかし、その一方では、佐太大神の伝承の場合には、男神が矢に変身するという丹塗矢伝承の基本的特徴が欠如しており、問題がないわけではない。

最後に、佐太大神の伝承の成立基盤についてふれるならば、やはり、加賀神埼の景観によるところが大きいと思われる。現在、加賀の潜戸には旧潜戸と新潜戸の二つがあり、旧潜戸の方は先が行き止まりの海蝕洞窟になっているが、新潜戸の方は東西と北の三方が開

佐太神社

いていて、小船の通行が可能であり、まさしく佐太大神の誕生伝承にみられる構造と同じである。岩屋のなかは声が反響しあい、一種、独特のムードをつくり出している。こうした特異な地形に対する海人たちの関心が、佐太大神の誕生伝承の基盤になっていることは否めないであろう。

野城大神

野城大神は、つかみどころのない神である。『出雲国風土記』において四大神のひとつとされているのであるから、重要な役割を担っていたはずであるが、神自体の伝承はというと、意宇郡の野城駅《うまや》の条にわずかに記載がみられるのみである。それも、野城という名称は野城大神が鎮座していることによる、ということが記されているだけである。つまり、『出雲国風土記』において、なぜこの神が大神と称されているのかがまったくみえてこないのである。

そこで、野城大神の鎮座地、つまり現在の能義神社の周辺の地理的環境について考えてみることにする。能義神社は、安来市能義町にあって飯梨川中流の右岸堤防下の小丘上に鎮座している。この小丘は能義平野の中心的位置を占めているばかりでなく、頂上に立って北を望むと、安来平野を一望することができる。つまり、野城大神は出雲国の東端に位置する神ということができるのである。

能義神社

さて、能義平野の西部、いいかえると飯梨川の南岸には弥生時代から仲仙寺八号墓・九号墓・一〇号墓といった四隅突出型墳丘墓が造られ、この系統は古墳時代の大成古墳や造山一号墳・三号墳といった方墳や宮山一号墳などの前方後方墳へとつながっていく。これに対して、古墳時代中期になると、飯梨川の東部を流れる伯太川の東岸丘陵に前方後円墳の毘売塚をはじめとする円墳系の古墳が造られるようになる。そして、この時期を契機として、次第に方墳系の古墳が消滅していくのである。

こうした古墳の変遷と野城大神との関係をどのよう

にとらえるかが問題になってこよう。野城大神は西方の方墳系の墳墓群とも、また東方の円墳系の古墳群とも結びつく可能性をもっている。そして、この方墳系と円墳系とについては、両者の間に時間的継続性を考えるか、それとも対立関係を想定するかによって、とらえ方がまったく異なってくる。この点については、にわかに断定することは困難であるが、墳形の相違や地域的な隔たり、そして時間的なずれなどを考え合わせると、やはり対立関係を想定する方が妥当であろう。とするならば、野城大神の果たしていたであろうと思われる役割がますます問題である。

この問題について答えるのは容易ではないが、野城大神と東部の円墳系の古墳群とを関連づけて理解する方が穏当と思われる。その理由としては、『出雲国風土記』における野城大神の役割が出雲国の東端の神である、ということがあげられる。伝承的には少しも重要なウェイトを占めていないにもかかわらず、四大神のひとつに数えられているのは、とりもなおさず東の境界の神であるということによるものである。こうした点から、伯太川東岸の円墳系の古墳群とのかかわりを想定して、それらの被葬者たちによって信仰されていた神が野城大神であると考えるのが適切であろう。

大穴持命

大穴持命は四大神のなかでも特別な神である。というのは、『出雲国風土記』のなかで「天の下造らしし大神」とたたえられ、その社は大社と記されている。出雲郡にみられる杵築大社がその社であり、現在の出雲大社である。

また、『出雲国風土記』にみられる神々の登場回数をみても大穴持命は二一回を数え、圧倒的な多さを示している。ちなみに、他の四大神と比較すると、熊野大神が二回、佐太大神が二回、野城大神が一回となっている。

そして、何よりも注目したいのは、他の大神が〈地名〉プラス〈大神〉というパターンを示しているのに対して、大穴持命の場合には「天下」という字句がみられるかわりに地名は含まれていない、と

出雲大社

写真提供：出雲大社

いう点である。このことは、他の大神はそれぞれ熊野・佐太・野城といった地名に大神が結びついていることから、各々の地域を信仰圏とする神であったことが推測される。しかし、大穴持命の場合には、「天の下造らしし大神」という表記をみる限り、全国もしくは全土の神といった、壮大ではあるがいたって抽象的なイメージしかでてこない。

　このようにみるならば、『出雲国風土記』のなかの大穴持命には、原初的な大穴持命としての側面に「天の下造らしし大神」としての側面がつけ加えられているように思われる。つまり、他の大神が地域の神という性格をとどめているのに対して、大穴持命には地域の神から全土の神への変貌をみることができるのである。

　それでは、原初的な地域神としての大穴持命の本質はどのようなものであるかというと、『出雲国風土記』の意宇郡の出雲神戸の条に「五百つ鉏の鉏猶《なほ》取り取らして天の下造らしし大穴持の命」とあることなどからも、国土開拓神・農耕神と把握することができるであろう。また、大穴持命の信仰圏としては、その鎮座地が出雲郡の杵築大社であることや、大穴持命の伝承の分布が西部に顕著であることなどを考え合わせると、やはり出雲国の西部と考えられる。つまり、大穴持命は、本来、出雲国の西部に信仰の拠点をもつ開拓神・農耕神であると把握するのが妥当である。

四大神の意味と出雲国造

『出雲国風土記』にみられる四大神を検討して気がつくことは、まず何よりも四神の扱いに大きなかたよりがみられるということである。大穴持命は、なるほど出雲国の最高神であり、四大神のひとつに数えられるのにふさわしい。しかし、熊野大神となると、大穴持命と比べるとウェイトが著しく低い。こうした傾向は佐太大神になるといっそう顕著となり、野城大神の場合には神の存在自体が希薄である。

こうしたことを考え合わせると、四神に限ってなぜこのような大神という特別な呼称がつけられているのかが当然のことながら問題になってこよう。この点については、すでに水野祐博士が出雲国の東西南北を示す四至の神であるという見解をのべられている。

こうした見解を継承して、さらにわたしは、四大神について序列化とグループ化ができると思う。つまり、四大神のなかでも大社とされている大穴持命と熊野大神は別格であり、さらに、熊野の地域神である熊野大神よりも、「天下」の神である大穴持命の方がより上位の神と考えられる。このように序列化した上で、地域の神と全国の神という視点から、四大神を熊野大神・佐太大神・野城大神のグループと、大穴持命との二つに分けてとらえるのである。いいかえると、熊野大神を中心に佐太大神・野城大神でひとつのまとまりとし、それよりも一段上位の神として大穴持命を理解するということである。

こうした序列化とグループ化は、四大神の配置からもいえると思う。つまり、熊野大神・佐太大神・野城大神は、いずれも出雲国の東部に鎮座しているのに対して、大穴持命は西部の神であり、他の三神とは距離的にも隔たっている。このことからも、四大神をひとまとめに扱うよりも、東部の三神でひとつのグループとし、それと大穴持命というようにとらえた方が適切であると考えられる。

さらに、こうしたグループ分けは、四大神の出自からもいえるように思われる。四大神のうち、熊野大神が天神、大穴持命が地祇であることは明らかである。問題は他の二神であるが、野城大神については残念ながら天神、地祇の別を知ることができない。しかし、佐太大神に関しては、天神と推定することが可能である。佐太大神は、母神が支佐加比売命であるが、父神は「麻須羅神」としか記されていない。したがって、支佐加比売命の系統をたどるしか方法がないことになる。支佐加比売命の父神は神魂命であり、この神については『出雲国風土記』の楯縫郡の郡名由来条に記載がみられ、天神とされている。佐太大神はこの神魂命の孫神にあたるわけであるから、天神の系統に入れてよいということになる。このようにみてくると、熊野大神と佐太大神とは天神、大穴持命は地祇となる。野城大神についてはどちらともいえないことから断定することはできないながらも、これらの四大神を天神系と地祇系とに分類してとらえることもあながち見当ちがいとはいえないであろう。

こうしたことから四大神を二つのグループに分けてとらえることができるとするならば、さらに、ひとつの仮説を想定することができるように思われる。それは何かというと、熊野大神・佐太大神・野城大神の三神が、出雲国造家の旧来の勢力のエリアを示しているのではなかろうか、ということである。つまり、出雲国造の祖先の支配領域がこの三神によって示されているのではなかろうか、と考えるのである。このように把握してあらためて三神の配置をみると、意宇郡を中心として、南・北・東にそれぞれ三神が鎮座している。もっとも、この配置では西の境界が欠けていることになるが、入海、つまり現在の宍道湖がその役割を果たしていると考えるならば、その欠を補うことができる。それでは、杵築大社（出雲大社）に鎮座する大穴持命をどのように位置づけたらよいのかというと、出雲国造家の祖先が勢力を拡大して、出雲全域を支配するようになり、東部地域の首長という地位を脱した段階において奉斎するようになった神と考えられる。つまり、もともとは熊野大神を奉斎して熊野大神・佐太大神・野城大神と宍道湖で囲まれた出雲の東部を支配領域としていた出雲国造家の祖先が、出雲全域に勢力を及ぼすようになった段階で、新たに出雲全域の神の存在が必要になり、その結果、西部の開拓神・農耕神であった大穴持命がとりこまれて、「天の下造らしし大神」とされたと考えられる。このようにとらえると、『出雲国風土記』において、佐太大神や存在感がほとんどない野城大神が四大神に加えられていることが納得できるであろうし、また、『出雲国風土記』のなかで他の神々を圧倒する最高神である大穴持命に対して、熊野大神が神格的には上位に置かれていることも理解することができるであろう。

3　目ひとつの鬼

鬼のイメージ

鬼というと、赤や青の原色の裸身に虎の皮の褌《ふんどし》をまとい、頭には角をはやしているといった姿がまず思いうかぶ。まさに異形の怪物といったところであるが、それでいてどこかユーモラスでもある。大津絵にみられる鬼やなまはげは、そうしたイメージにぴったりとあてはまる。そして、鬼と日本人との関係は古代にまでさかのぼる。たとえば、瓦の正面全体に鬼面を入れた鬼瓦は、白鳳時代から現われるといわれる。ひとくちに鬼瓦といってても千差万別であるが、東大寺の転害門《てがいもん》や下野《しもつけ》国分寺用の瓦窯址から出土した鬼瓦などは、とてもユーモラスな表情をみせている。また、法隆寺金堂の四天王像の足元にふみつけられている邪鬼はいかにも情けないといった表情であるし、薬師寺金堂の薬師如来像の台座にみられる邪鬼には何かしら老成したおもむきさえ感じられる。

こうした鬼の姿を指摘することは、さほど難しいことではないが、それでは鬼とは一体、何かという本質的な問題に答えるとなると、なかなか容易ではない。

たとえば、『風土記』をとりあげてみよう。『風土記』は、奈良時代に国ごとにまとめられたもので、基本的には地誌としての性格をもっているが、それと同時に、そこには地名の由来を中心にさまざまな説話が載せられている。いわば、説話の宝庫といった印象を受ける。それでは、鬼についてもさぞかし多くの内容がみられるかというと、案外そうでもないのである。というのは、『風土記』には、鬼の具体的な姿は常陸国と出雲国とに一か所ずつ、合わせて二例しかみることができない。

『常陸国風土記』の鬼

まず、『常陸国風土記』のなかにみられる鬼について、久慈郡の河内里《こうち》の条をみてみよう。

東の山に石の鏡あり。昔、魑魅《おに》あり。萃集《あつま》りて鏡を翫《もてあそ》び見て、即ち、自ら去りき。

これが河内里の条の伝承であり、さらに、この伝承には、

俗《くにひと》、疾《と》き鬼も鏡に面《むか》へば自ら滅ぶといふ。

という割注がつけられている。

これによると、常陸国の河内里の東の山に石の鏡があったというのである。そこに、昔、「魑魅」すなわち鬼たちが集まってきて、この鏡を手にしてあそび、のぞきこんだところ、たちまちにして滅んでしまったと記されている。そして、鬼たちが滅んだ理由としては、「俗《くにひと》」の言葉であるとことわって「鏡に面《むか》」ったためであるという説明を加えている。つまり、土地の人のいいつたえでは、どんなに恐ろしい鬼でも鏡に向かえば滅んでしまう、というのである。

この伝承は、古代において、鬼に対しては鏡を向けると退治することができる、という俗信があったことをうかがわせている。こうした発想はすでに中国にもみられる。四世紀はじめに葛洪によってまとめられた道教の教説書によると、道士のもつ鏡は山にすむ悪鬼を退けるとされ、山に入るとき、道士は九寸以上の明鏡を背中にかけるとある。

伝承にもどるならば、ここには鬼の退治法について記されている、という点において興味深いといえるが、しかし、この伝承からは、残念ながら鬼の容姿などについてはまったく知ることができない。

それではもう一例の鬼の伝承がみられる『出雲国風土記』の場合はというと、そこには目がひとつの鬼が男を食うという大変、興味をそそられるストーリーが展開されている。出雲国にみられる鬼の伝承は単に内容がユニークというだけにとどまらず、その伝承の背後には重要な歴史性が秘められているようにも思われる。

目ひとつの鬼の伝承

『出雲国風土記』のなかの鬼は、大原郡の阿用《あよ》郷に登場する。その伝承内容は、

古老の伝へていへらく、昔、或人、此処に山田を佃《つく》りて守りき。その時、目一つの鬼来りて、佃る人の男を食ひき。その時、男の父母、竹原の中に隠《かく》りて居りし時に、竹の葉動《あよ》げり。その時、食はるる男、「動動《あよあよ》」といひき。故、阿欲《あよ》といふ。神亀三年、字を阿用と改む。

というものであり、田を作っている男のもとに、目がひとつの鬼がやってきて、その男を食ったというのである。男の父母は竹林のなかに身を隠していたが、運悪く竹の葉がゆれうごいて音をたててしまう。するとそのとき、鬼に食われている男が「動動《あよあよ》」といったというのである。これが起源となって、この郷は阿欲郷という地名となり、さらにこれが神亀三年（七二六）に阿用郷と改字した、という伝承である。

さて、この伝承のなかで、竹の葉がゆれうごくさまについては、「動」があてられており、これを『風土記』（日本古典文学大系）の校注者である秋本吉郎氏は、「あよ」とよまれている。したがって、そのあとにみられる男の言葉である「動動」についても、「あよ、あよ」とされている。そして、この男の言葉の解釈としては、「ア・ヨ共に感歎の辞。アーアーという歎声。動詞アヨグの語幹アヨにあてて「動」字を用いたのである。父母の隠れているあたりの竹葉の揺れ動く故に鬼に見付けられるかと歎く声」としている。この点についでは、馬場あき子氏も『鬼の研究』のなかで、「阿用の若い農夫は「あよあよ」という悲鳴とともに落命した」と、とらえられている。このように、男の言葉は、嘆声とか悲鳴とかと解釈されるのがふつうであるが、はたしてそうなのであろうか。竹の葉のゆれる音が「動《あよ》」であり、そして男の言葉が「動動《あよあよ》」であることを考えるならば、ここは鬼に両親をみつけられまいとして男が必死の思いでさけんだ竹の葉の擬音と受けとることはできないであろうか。場面を考えるならば、むしろ擬音ととった方が緊張感が増し、ドラマティックになるであろう。

擬音ということで少しふれるならば、古代人が動物の声や物音などをどのように感じていたのかは、興味がひかれる問題かと思われる。しかし、いま残されている史料からそれを知ることは簡単ではない。そうしたなかで、先にみた常陸国の河内里について、『常陸国風土記』は、もとは古々邑《ここむら》といったとあり、その由来について、土地の人が「猿の声を謂ひて古々と為す」ことによると記載している。ここから、古代人は猿の鳴き声を「ここ」と感じていたことがうかがわれる。

さらに、この伝承で注目されることは、目がひとつという鬼の容姿についてである。ひとつ目の鬼というのは、何とも不気味でまさに異形といえよう。ひとつ目という点に注目した考察としては、つとに柳田国男の「一目小僧その他」（『柳田国男全集』第六巻所収）があり、多様な例が紹介されている。柳田は、この『出雲国風土記』の伝承についても、もちろんとりあげており、「目一つの鬼の最も古い記事」とのべているが、具体的な分析までには及んでいない。

それでは、この伝承にみられる鬼とは一体、何をあらわしているのであろうか。この点にこだわって、もう一度、伝承に目をやると、鬼に食われる男は「山田を佃《つく》りて守」っていたとあるのであるから、とりもなおさず農耕民といってよいであろう。つまり、農耕民がひとつ目という異形の容姿をもった鬼に食われるのである。この場合、農耕民と鬼とは、同じ次元の存在ではないことに注目したい。そして、ひとつ目の鬼は、農耕民すなわちふつうの人間とは異なる存在であるというのであるから、そこからまず想起されるのは神である。しかも、ひとつ目ということをふまえるならば、天目一箇神《あめのまひとつ》の存在が思いおこされる。

天目一箇神をめぐって

天目一箇神は、その神名からひとつ目、すなわち単眼の神と考えられる。この神について、『日本書紀』の天孫降臨の条の第二の一書は、

天目一箇神を作金者《かなだくみ》となす。

と記している。ここでは、天目一箇神は、刀斧や鉄鐸《てったく》などを造った製鉄・鍛冶神というこ

とになっている。この神については、『古語拾遺』にも興味深い記述がみられる。それによるとまず、天地開闢の段に、天太玉命《あめのふとだま》に率いられる神々のなかの一神として、

天目一箇命　筑紫・伊勢の両国の忌部《いんべ》が祖なり。

と記されている。ここでは、天目一箇神は、筑紫国と伊勢国の忌部の祖となっている。また、天石窟の段には、

天目一箇神をして雑《くさぐさ》の刀・斧及《また》鉄の鐸　古語に、佐那伎《さなき》といふ。を作らしむ。

とあり、天目一箇神に命じてさまざまな刀、斧や鉄鐸を造らせたことになっている。さらに、これをうけて崇神天皇の段にも姿をみせている。

磯城《しき》の瑞垣《みづがき》の朝に至りて、漸《やくやく》に神の威を畏りて、殿《おほとの》を同くしたまふに安からず。故、更に斎部氏をして石凝姥神《いしこりどめ》が裔《すゑ》、天目一箇神が裔の二氏を率て、更に鏡を鋳、剣を造らしめて、護《まもり》の御璽《みしるし》と為す。是、今践祚《せんそ》す日に、献《たてまつ》る神璽の鏡・剣なり。

これがその内容であり、石凝姥神の神裔と天目一箇神の神裔とがそれぞれ鏡・剣を造ったというのである。そして、この鏡と剣とが以後の大嘗祭に用いられたことになっている。こうした『古語拾遺』の記載をみても、天目一箇神の性格を製鉄・鍛冶神と規定することはさほど無理がないであろう。

いままでのべてきたことをふまえて、ひとつ目の鬼が天目一箇神と考えてさしつかえないとするならば、この『出雲国風土記』にみられる伝承は、農耕民を天目一箇神が食べるという構造に置き換えることができよう。つまり、農耕民を製鉄民が食べるということになる。そして、この食べるという行為は、とりもなおさず「捕らえる」もしくは「徴発する」ということにつながる。

『出雲国風土記』の大原郡阿用郷の伝承を、このようにとらえるならば、そこに製鉄集団の積極的な活動を想定することが可能になってくる。ここでは、こうした規定の上に立ってこの伝承をとらえ、次に阿用郷の周辺地域の伝承や地理的環境にも目をやることにしたい。

阿用郷周辺地域の伝承

阿用郷が含まれている大原郡は、全部で八郷からなっており、『出雲国風土記』をひらくと、阿用郷の前には神原郷《かんばら》・屋代郷・屋裏郷《やうち》・佐世郷《させ》の記載がみられ、阿用郷のあとには海潮郷《うしお》・来次郷《きすき》・斐伊郷のことが記されている。そして、阿用郷の伝承を製鉄集団とのかかわりでとらえるとき、他のいくつかの郷の伝承もまた、製鉄とかかわりがあるように思われる。

具体的にそれぞれの伝承をみていくことにしよう。まず、神原郷をみると、

古老の伝へていへらく、天の下造らしし大神の御財《みたから》を積み置き給ひし処なり。則ち、神財《かむたから》郷と謂ふべきを、今の人、猶《なほ》誤りて神原郷といへるのみ。

とある。「天の下造らしし大神」、すなわち大穴持神がここに「御財」を置いたというのである。この場合の「御財」とは、単に財宝とするよりも、神宝と解釈した方が妥当であろう。しかしながら、この伝承のみからは、神宝が一体、何であったかについては不明とい

古代の出雲国

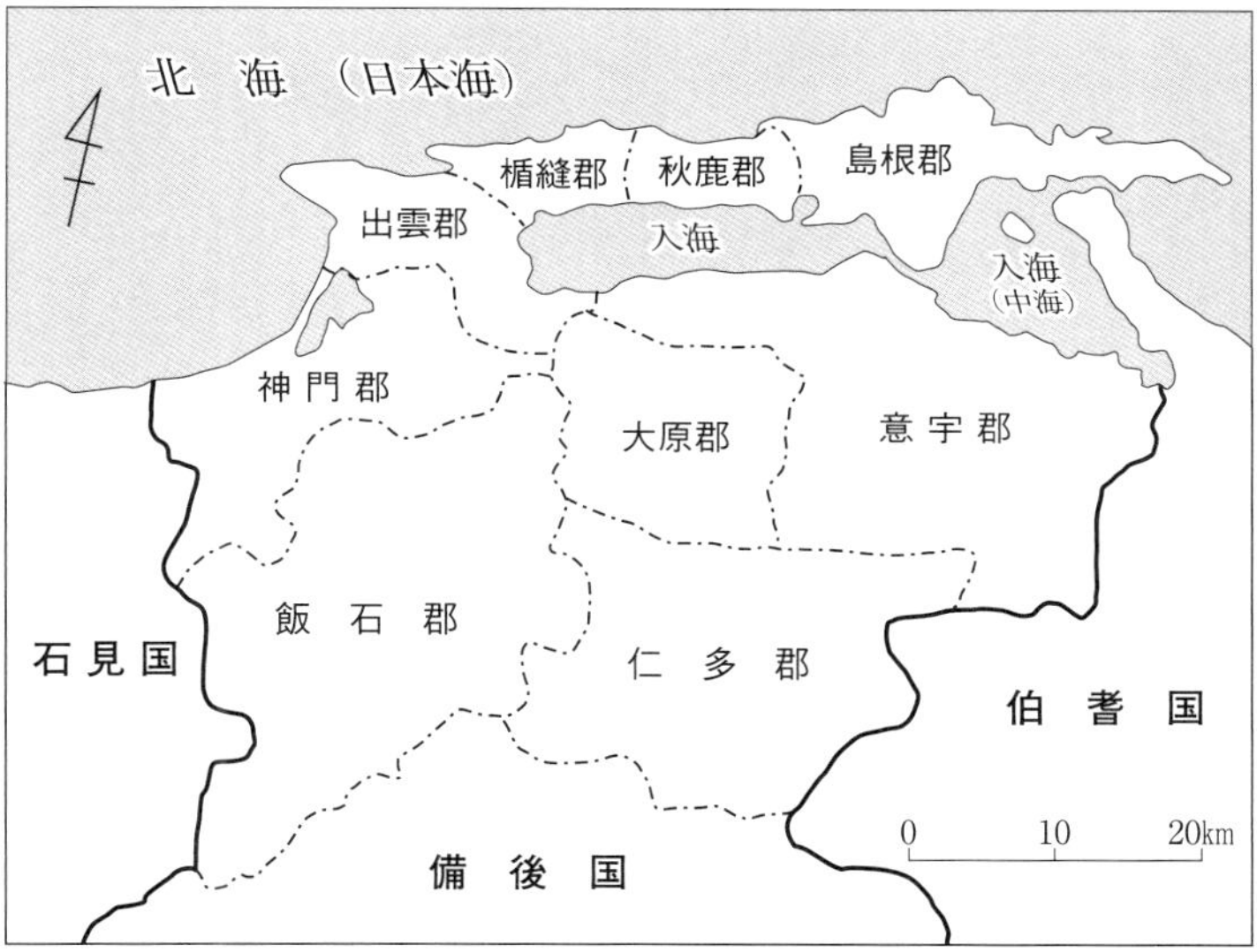

わざるをえない。そこで、この点に関して他の『風土記』にも注目するならば、『日向国風土記』の逸文としてのこされている高日《たかひ》村の条に、

　昔者《むかし》、天より降りましし神、御剣の柄を以ちて、此の地に置きたまひき。因りて剣柄《たかひ》村と曰ひき。後の人、改めて高日村と曰ふ。云々

とあることや、また、『常陸国風土記』の信太郡の高来里の条に、

　古老のいへらく、天地の権輿《はじめ》、草木言語《ことど》ひし時、天より降り来

阿用郷周辺地域

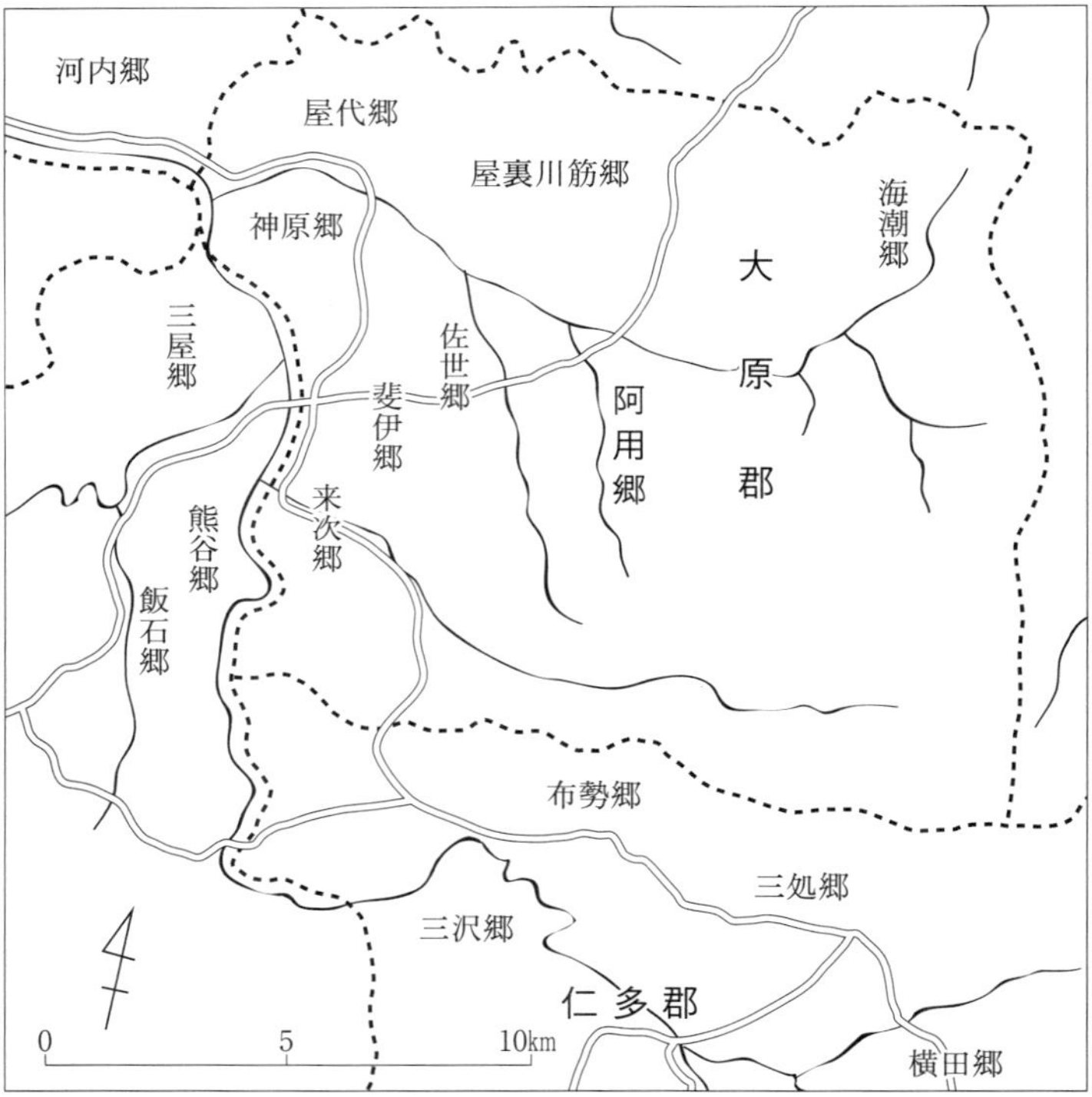
河内郷
屋代郷
屋裏川筋郷
神原郷
海潮郷
大原郡
三屋郷
佐世郷
斐伊郷
阿用郷
熊谷郷
来次郷
飯石郷
布勢郷
三処郷
三沢郷
仁多郡
横田郷
0
5
10km

し神、み名は普都大神と称す。葦原中津国に巡り行でまして、山河の荒梗《あらぶるかみ》の類を和平《やは》したまひき。大神、化道《ことむけ》已に畢《を》へて、み心に天に帰らむと存《おも》ほしき。即時《そのとき》、身に随へまし器仗の俗《くにひと》、伊川乃《いつの》といふ。甲・戈《ほこ》・楯・剣、及執らせる玉珪《たま》を悉皆《ことごと》に脱履《ぬ》ぎて、玆《こ》の地に留め置き、即ち白雲に乗りて蒼天に還り昇りましき。

とあることに目がとまる。『日向国風土記』にみられる伝承の内容は、天降りした神が剣の柄を地面に置いたというものである。記載自体は簡潔であり、あまり多くのことを語ってくれない。したがって、伝承から具体的な様子を知ることは難しい。剣の柄のみを地面に置いたものか、それとも剣の柄の部分を地面に刺して剣を天につき立てたものかといった点については明確にしにくい。しかし、「御剣の柄を以ちて、此の地に置きたまひき」という記載を注視するならば、剣の柄頭の部分を地面に置いたと解釈するのが妥当と考えられる。また、『常陸国風土記』の信太郡の条はというと、普都大神が天上に帰るさいに、身にまとっていた武器である甲・戈・楯・剣や、身につけていた玉をすべてぬぎすててこの地に置き、白雲に乗って昇天したというものである。

神原郷の伝承に関連して、『日向国風土記』と『常陸国風土記』とをとりあげてみた。これらの三つの伝承に共通していえることは、神の物を「置く」という行為がみられることである。つまり、神原郷の場合は、天の下造らしし大神の御財を「積み置」いたとあり、『日向国風土記』では、天降りした神が剣の柄を地面に置いたと記されている。また、『常陸国風土記』の信太郡の条では、普都大神が甲などを天上へもどるさいに地上に留め置いている。こうした神が「置く」という行為をとる意味については、また別に考える必要があると思われるが、いまはそのことにはふれず神原郷の記載にみられる「御財」の問題にもどることにする。とりあげた三つの伝承には、みたように共通性を指摘することが可能であり、さらに、『日向国風土記』には剣の柄がみられ、『常陸国風土記』にも、甲・戈・楯・剣といった武器類がでてくる。これらのことを考え合わせると、『出雲国風土記』の神原郷にみられる「御財」の場合にも剣などの武器類が神宝とされていると想定することができるのではなかろうか。

また、『出雲国風土記』の大原郡の条には、神原郷に続けて屋代郷の記載がみられる。それは、

天の下造らしし大神の垜《あむつち》立てて射《ゆみい》たまひし処なり。故、矢代といふ。神亀三年、字を屋代と改む。即ち正倉あり。

というものであり、天の下造らしし大神が垜、つまり弓の的を置く場所を造り、弓を射たというのである。そこからこの地を矢代といったが、神亀三年（七二六）に地名の表記を屋代と改めたとある。この伝承によると、屋代郷はもともとは矢代という地名であったことになり、この地も矢やそれに伴って存在する矢じりといった武器との関係が深いことが指摘できる。

屋代郷の次に記載されているのが屋裏郷であり、その内容はというと、次のようなものである。

古老の伝へていへらく、天の下造らしし大神、矢を殖《た》てしめ給ひし処なり。故、矢内といふ。神亀三年、字を屋裏と改む。

天の下造らしし大神が矢を射立てた場所であるというものであり、屋代郷の伝承と一連のものと考えられる。したがって、ここにも弓矢といった武器との関係をみることができる。

ついで、佐世郷の記載が続いており、

古老の伝へていへらく、須佐能袁命《すさのおのみこと》、佐世《させ》の木の葉を頭刺《かざ》して踊躍《をど》らしし時、刺させる佐世の木の葉、地に堕ちき。故、佐世といふ。

と記されている。スサノオ神が佐世の木の葉を頭に刺して踊ったところ、その木の葉が地面に落ちたというのである。スサノオ神は多面性をもった神であり、その性格の規定もなかなか難しいが、『出雲国風土記』にみられる姿を中心として総合すると、本来は飯石郡の須佐郷を拠点として信仰圏をもっていた神であり、スサノオ神を信仰したのは製鉄集団であったと考えられる。そして、この佐世郷の記載のあとに続くのが阿用郷ということになる。

このように、阿用郷の記載の前の部分には、鉄もしくは製鉄に関係した伝承が並んでいる。さらに、これらの伝承群は、屋代郷と屋裏郷の伝承が象徴するように、個別に存在するのではなく、互いに関連しあって成り立っているように思われる。このような視点に立って、とりあげた伝承群を全体的にとらえるならば、阿用郷に登場する「目一つの鬼」を製鉄・鍛冶の神である天目一箇神に結びつけて考えることは、さほど荒唐無稽なことではないであろう。

阿用郷周辺の地理的環境

『出雲国風土記』にみられる阿用郷の周辺地域の伝承について検討を加えてみたが、さらに、阿用郷の地理的な位置についても注目してみたい。出雲国は全部で九つの郡からなっているが、そのうち内陸部に位置するのは、飯石郡・大原郡・仁多郡の三郡である。このうち、問題としている阿用郷、そして、その周辺の神原郷・屋代郷・屋裏郷・佐世郷は大原郡の西部を占めている。

島根県の内陸部は中国山地に相当しており、ここは良質の砂鉄が採取されることで知られ、この砂鉄を利用してたたら製鉄が古代からおこなわれていた。たたら製鉄の起源については明らかではないが、大化前代にまでさかのぼると考えられている。製鉄にさいしては、原料である砂鉄とそれを溶かす薪・炭が必要である。そのうち、砂鉄について『出雲国風土記』をみてみると、飯石郡の条に、

波多小川　源は郡家の西南廿四里なる志許斐《しこび》山より出で、北に流れて須佐川に入る。鉄あり。

飯石小川　源は郡家の正東一十二里なる佐久礼《さくれ》山より出で、北に流れて三屋《みとや》川に入る。鉄あり。

と記されている。このことから、飯石小川とその西方を流れる波多小川とからは川砂鉄が採れることが知られる。また大原郡の南に隣接する仁多郡は、三処郷・布勢郷・三沢郷・横田郷の四つの郷からなっており、それぞれの郷の記載のあとに割注の扱いで、

以上の諸郷より出すところの鉄、堅くして尤も雑《くさぐさ》の具を造るに堪ふ。

とのべられている。このことから、仁多郡では、四つの郷のすべてから鉄が採れることがうかがわれるし、また、それらの鉄は出雲国で最良のものであったと考えられる。

ところで波多小川は、飯石郡の西部を流れており、須佐郷を経由している。須佐郷は、製鉄神と考えられるスサノオ神の信仰圏の中心地域でもある。また、飯石小川はというと、飯石郡の東部を流れており、おおよそ飯石郡と大原郡との郡境付近に位置している。

仁多郡は、大原郡の南部にあたり、備後国と境を接する山間地帯である。まさに中国山地のなかに位置する産鉄地帯といってよいであろう。

古代においては、砂鉄の採取からその精錬・加工といった冶金の工程は、ほとんど同一の場所でおこなわれていたと考えられている。ということは、これらの地域には、とりもなおさず砂鉄の採取のみならず、製鉄をおこなう人々、つまり製鉄集団が存在していたと考えてさしつかえないであろう。大原郡の阿用郷、そして、神原郷・屋代郷・屋裏郷・佐世郷には、直接的には産鉄の記載はみられないながらも、こうした周囲の状況をふまえるならば、これらの地域にも製鉄集団の存在および活動を想定することは、十分に可能であろう。このように考えるならば、これらの製鉄集団と付近の農耕集団との間に何らかの交渉があったであろうと考えることも不自然ではなかろう。

阿用郷をはじめとする大原郡の諸郷と鉄との関係の深さを示すものとしては、鉄製遺物を含む横穴の分布をあげることもできる。横穴については、その被葬者の性格をめぐって諸説がみられるが、古墳に埋葬された豪族層よりも一段低い階層の人々の墓とみなすことができよう。このことは、いいかえると、横穴の被葬者はそれぞれの地域に、より密着した支配者階層と把握することが可能である。ということは、副葬品などの面においても、比較的在地のものが多いと考えられる。これらの点をふまえて、出雲国の横穴から出土した鉄製遺物を調べてみると、種類としては刀類が最も多い。また地域的には、現在の安来市と飯石郡・大原郡・仁多郡の内陸の三郡に分布が密集している。そして、『出雲国風土記』

の神原郷のあたりから阿用郷のあたりにかけての地域は、ちょうどこの分布の密集地域に重なっている。こうしたことから、これらの地域と鉄との関連性の深さを、古墳時代にも確認することができると考えられる。

阿用郷の周辺の地理的環境を検討してみたわけであるが、その結果、これらの地域に大化前代から製鉄集団の存在を想定することは十分に可能であると考えられる。

製鉄作業の状況

いままでの検討をもとにして、ここで再び阿用郷の伝承に立ちもどるならば、そこにみられるひとつ目の鬼を、製鉄神・鍛冶神とされている天目一箇神にそのイメージを重ね合わせることは、さほど困難ではないと思われる。このようにとらえるならば、鬼の背後には製鉄集団の存在を想定することができよう。さらにこの伝承を積極的に解釈するならば、先住者として田を耕作している農耕民を製鉄民が徴発しようとしたことの反映とみることも可能ではなかろうか。それでは、こうした製鉄民による農耕民の徴発といった行為の原因はどこにあるのであろうかというと、それは製鉄という作業によるものと考えられる。

そもそも製鉄をおこなうためには、当然のことながら大量の砂鉄が必要である。さらに、それに加えて原料の砂鉄を溶かすための薪や炭が不可欠である。砂鉄についてみるならば、古代の野たたらのような場合、技術的に未熟なため銑鉄《せんてつ》の五倍から十倍の量の砂鉄が必要であったといわれている。また、薪や炭の量については不明な点が多いが、近代のことでいうならば、砂鉄と同量の木炭が必要とされている。もっとも、製鉄に木炭が使用されるのが一般的になったのは近世に入ってからのこととされる。したがって、それ以前、とくに鎌倉時代以前には薪による製鉄がふつうであったといわれている。こうしたことは、当然のことながら大量の木材が必要であるということをものがたっている。

実際の製鉄作業には、もちろん熟練した人たちが必要であっただろうが、それと同時に、砂鉄の運搬や、薪に用いる木材の伐り出し、炭の運搬といったような激しい肉体労働に耐えうる豊富な労働力もまた不可欠であったと考えられる。こうした製鉄作業の状況を想定するとき、そこに労働力の確保を目的とする製鉄民による農耕民の徴発という行為を考えることは、あながち不自然とはいえないであろう。

目ひとつの鬼の正体

『出雲国風土記』に大原郡阿用郷の地名由来として記されている伝承を素材として、そこに登場する目ひとつの鬼について検討を加えてみた。その結果、ひとつ目の鬼は製鉄神とされている天目一箇神とイメージが重なることが指摘できたと思う。つまり、この伝承にみられる目ひとつの鬼は、天目一箇神のバリエーションといってもよいと思われる。さらに、この伝承の背景としては、製鉄民による農耕民の徴発ということがあげられる。もちろんこれは、『出雲国風土記』のなかにみられるひとつの伝承に登場する「目一つの鬼」についての個別検討であって、この結論をもってすべての鬼を製鉄神とするものではない。しかし、鬼をただ異形のものとしてとらえ、そこに人々の恐怖感のみを抽出するのではなく、鬼に象徴されているもの、いわば鬼の正体をみつめることは興味深いことであろうし、また必要なことでもあろう。おそらく、鬼には多様な正体があるに違いない。そして、そのような多様な鬼の姿を総合したものが、日本人の「鬼感」もしくは「鬼像」ということになるであろう。

4　荒ぶる神――半ばを生かし、半ばを殺しき

『風土記』独特の神

『風土記』は、その名が示すように基本的には地誌としての性格をもっている。しかし、そこには、古代の日本列島に生活した人々の風習や文化、また、受けつがれてきた思想などが綾糸のように織りこまれており、現代に生活するわたしたちに、時としておおらかな、時として残酷な世界をかいまみせてくれる。

たとえば、神祇信仰の面でいうならば、『風土記』には多種多様な神々が姿をみせている。そのなかでも、『風土記』独特のユニークな神のひとつとして「荒ぶる神」があげられる。荒ぶる神というと、文字通り荒々しい性格をもった神で『古事記』や『日本書紀』などに

も多くみられる。高天原で乱暴をはたらいたスサノオ神などはその典型で、『風土記』に独特というのはどういうことかといわれるかもしれない。

しかし、『風土記』に登場する荒ぶる神は、大方が交通妨害の神としての性格をもち、さらに、きまって通行する人の半分を殺すという恐い神として描かれている。こうしたタイプの荒ぶる神は、古代史料では『風土記』にのみみられるもので、「記・紀」をはじめとする他史料には登場しない。このことは当然、どうして『風土記』に限ってこうした荒ぶる神がでてくるのであろうかということが疑問になってこよう。

荒ぶる神の具体像

それでは実際に荒ぶる神がどのように姿をみせるかみてみると、まず、『肥前国風土記』の神埼《かんざき》郡に、

昔者、此の郡に荒ぶる神ありて、往来の人多《さわ》に殺害されき。

とある。ここからは記載が短いせいもあって、あまり多くの情報を得ることはできないが、

往来の人を多く殺すとあることから、交通妨害の神ということはうかがわれる。

もう少し詳しい記載というと、『播磨国風土記』の神前郡の生野の条に、

生野と号くる所以は、昔、此処に荒ぶる神ありて、往来の人を半ば殺しき。此に由りて、死野と号けき。以後、品太《ほむだ》天皇、勅《の》りたまひしく、「此は悪しき名なり」とのりたまひて、改めて生野と為せり。

と記されている。生野銀山などで知られる生野の地名起源説話である。内容をみると、昔、ここに荒ぶる神がいて、往来する人の半数を殺したので、死野という地名がつけられたというのである。しかし、のちになって品太天皇、すなわち応神天皇が勅を出して、死野とは悪い名であるので生野と改めた、とある。こうした地名変更は、水辺の植物である葦を「あし」では悪しに通じるので、「よし」と読みかえるのと同じ発想で興味深い。

荒ぶる神に目をもどすと、通行人に危害を加えているわけであり、その度合はというと半数が殺害されてしまうとある。そして、こうしたことは何も陸路だけに限ったことではないのである。同じ『播磨国風土記』の賀古《かこ》郡の鴨波《あわわ》里の記載をみると、

此の里に舟引原あり。昔、神前村に荒ぶる神ありて、毎《つね》に行く人の舟を半ば留めき。ここに、往来の舟、悉《ことごと》に印南《いなみ》大津江に留まりて、川頭《かはかみ》に上り、賀意理多《かおりた》谷より引き出でて、赤石《あかし》郡の林潮《みなと》に通はし出だしき。故、舟引原といふ。

という伝承がある。その内容はというと、舟引原の地名起源説話であり、神前村に荒ぶる神がいて通行する舟の半数を妨害したという。そこで、往来する舟はことごとく印南大津江から川をさかのぼり賀意理多谷で舟を陸にひき上げ、林潮《みなと》にいたったというのである。少し話がこみいっているが、図をみながら整理すると、まず、舟引原であるが、具体的に現在のどこにあたるかは明らかではない。しかし、賀古郡の印南大津江のあたりと推定される。次に神前村はというと、賀古郡の東南の海岸部と考えられるが、ピンポイントで位置を限定することは難しい。その神前村に交通を妨害する荒ぶる神がいて、往来する舟の半数を先へ進ませないというのである。具体的には舟を沈没させ、乗っている人々を殺すということになろう。そこで、舟人たちは、賀古郡から明石郡方面、すなわち、播磨灘を西から東へ行こうとするとき、まず、印南大津江に集まり、海岸を行くのではなく、印南川を上流へとさかのぼり、賀意理多谷まで進むというのである。この賀意理多谷についても、現在、どこにあたるかは不明であるが、明石川の上流に通じる場所であることは確か

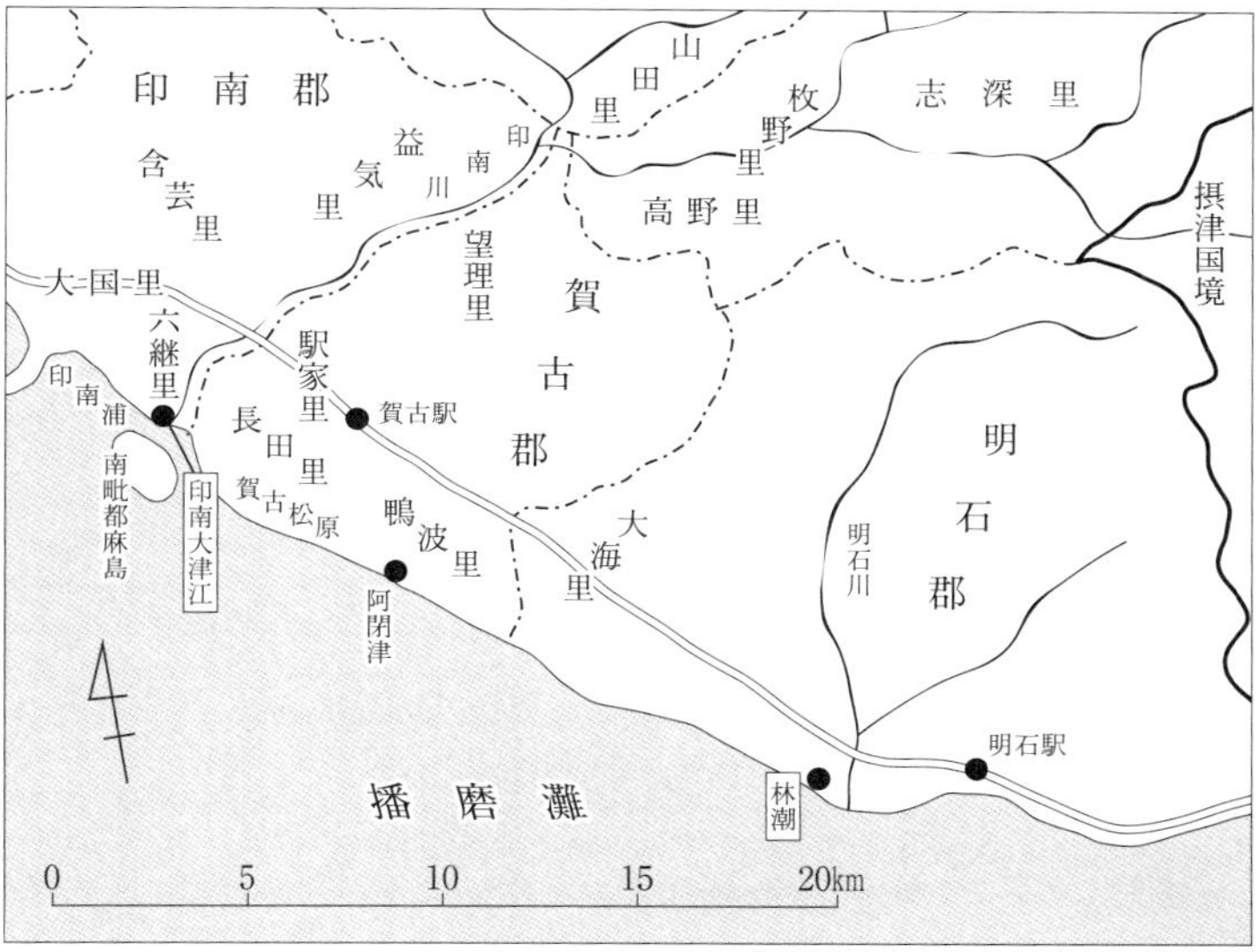

であろう。そこから陸路を明石川の上流へ向かって舟をひき、あとは明石川を明石郡の林潮まで下り、再び海路を行くというのである。荒ぶる神を避けるために、ずいぶんと遠回りのコースをとるわけであるが、それだけ荒ぶる神の存在が恐怖であったということになる。また、荒ぶる神は、交通上の要地にいることもうかがわれる。

さらに、直接的には荒ぶる神とは表記されていないが、播磨国の揖保郡にみられる出雲（御蔭《みかげ》）大神も同じカテゴリーに入るであろう。具体的にみるならば、

　品太天皇の世、出雲御蔭大神、枚《ひら》

方《かた》里の神尾山に坐して、毎に行く人を庶《さ》へ、半ばは死に、半ばは生きけり。その時、伯耆の人小保弖《こほて》・因幡の布久漏《ふくろ》・出雲の都伎也《つきや》の三人相憂へて、朝庭に申しき。

とある。その内容は、応神天皇の世、枚方里の神尾山に荒ぶる神がいたという。そして、通行人の半数は殺し、半数は生かしたとある。そこで、伯耆・因幡・出雲の山陰地域の人々が朝廷に荒ぶる神の対策を願い出たのである。神尾山の位置も現在、不明であるが、山陰から揖保川沿いに南下して播磨へ出てそこから大和へ向かう交通路上にあったといわれている。それは、山陰の三か国の人たちが訴え出ていることからも穏当かと思われる。それに対しての朝廷の対応が、先の伝承に続けてのべられていて、

ここに、額田《ぬかた》部連《べのむらじ》久等々《くとと》を遣りて、祈《の》ましめたまふ。時に、屋形を屋形田に作り、酒屋を佐々山に作りて祭りき。宴遊して甚く楽しび、即ち、山の柏を擽《と》りて、帯に挂《か》け、腰に挿《はさ》みて、此の川を下りて相壓《お》しき。故、壓川と号く。

とある。朝廷は、額田部連久等々という人物を派遣して、荒ぶる神を祭ったというのである。さらに続けて祭り方まで記されている。それによると、荒ぶる神を祭るための神殿を

造り、酒も用意している。そして、神のための宴会をひらき、柏の葉を帯にかけたり腰にさしたりして人々が互いに押しあう仕草をしたというのである。その結果、荒ぶる神はどうなったかについては明記されていないものの、このあとでてくる他のいくつかの例からみると、恐らく和らいだと考えられる。

出雲（御蔭）大神は、佐比《さい》岡の条にも姿をみることができる。この伝承は、先ほどの伝承の別伝承かといわれるものであるが、ここでは、出雲大神と称されている。そして、やはり、神尾山にいるとされているが、興味深いのは、それに続けて、

此の神、出雲国の人の此処を経過《すぐ》る者は、十人の中、五人を留め、五人の中、三人を留めき。故、出雲国の人等、佐比を作りて、此の岡に祭るに、遂に和《あまな》ひ受けまさざりき。

とあることである。具体的にいうと、まず、通行人の一〇人のうち五人を殺すとあり、さらに、五人のうち三人を殺すとみられることである。これまでの荒ぶる神は、通る人の半分を殺すという漠然としたいい方であったが、ここでは、はっきりと数字をあげて半数を殺すといっている。しかも、五人のうち三人を殺すとまであることは、明確に五〇パーセ

ントの通行人を殺害するのが荒ぶる神であるということをものがたっている。

次に興味をひかれるのは、この出雲大神に対しても、出雲国の人らが佐比、すなわち、農具である鋤を作ってそれを供えて祭っているが、和らがなかったという点である。先ほどみた伝承では、荒ぶる神が最後、和らいだか否かについては明記されておらず、恐らく和らいだのであろうとしたが、佐比岡の条では、はっきりと和らがなかったとある。しかし、これには理由があるのであり、佐比岡の条の後半部分をみるならば、

然る所以は、比古神先に来まし、比売神後より来ましつ。ここに、男神、鎮まりえずして行き去りましぬ。この所以に、比売神怨み怒りますなり。然る後に、河内国の茨《まん》田《た》郡の枚方里の漢人、来至《き》たりて、此の山の辺に居りて、敬ひ祭りて、僅《わづか》に和し鎮むることを得たりき。此の神の在《ま》ししに因りて、名を神尾山といふ。又、佐比を作りて祭りし処を佐比岡と号く。

と記されている。ここから荒ぶる神は女神であることがわかる。そして、出雲からまず、男神が播磨にやってきて、女神があとを追ってきたところ、男神は他所へ去ってしまったというのである。そこで、女神は怨み怒るようになったというのが和らがない理由とされ

る。さらにいうならば、和らがなかった理由は、出雲国の人らが祭ったからと考えられる。すなわち、逃げ出した男神は出雲国から播磨国へと移動し、さらに他所へ移ったわけであり、女神からすれば、出雲国の人らは男神を想起させ、和らぐことはできなかったのである。しかし、この女神ものちに河内国からきた漢人が神尾山のあたりに居住して敬い祭ったところ、ようやく和らいだことになっている。このように、とにもかくにも最後には、祭られたことによって和らいでいるのである。

『播磨国風土記』にみられる荒ぶる神の例をみてきたが、肥前にも荒ぶる神の例がみられる。『肥前国風土記』の基肄《きい》郡の姫社《ひめこそ》郷の条をみると、この郷に山道《やまじ》川という川が流れているとある。さらに、山道川の源は郡の北方の山であり、ここから流れ出た山道川は、南流して御井《みい》大川に合流するとあり、そこに、

昔者、此の川の西に荒ぶる神ありて、路行く人、多に殺害され、半《なかば》は凌ぎ、半は殺《し》にき。

とあって、荒ぶる神がいることが記されている。そこで、荒ぶる神がなぜ祟るのかと占ったところ、筑前国宗像郡の人である珂是古《かぜこ》に荒ぶる神の社を祭らせよ、そうすれば荒ぶる

心を起こさじという答えがでた。それを受けて、珂是古を探し出し、荒ぶる神の社の祭りを命じたところ、

珂是古、即ち、幡《はた》（作物の種子）を捧げて祈禱して云ひしく、「誠に吾が祀を欲《ほ》りするならば、此の幡、風の順《まにま》に飛び往きて、吾を願《ほ》りする神の辺に堕ちよ」といひて、便《や》即《が》て幡を挙げて風の順に放ち遣りき。

とあるように、珂是古は幡をささげて祈禱して、荒ぶる神が祭られることを望むのであれば、神の居場所を知らせ、といって幡を空中へほうり投げたというのである。すると、

時に、其の幡、飛び往きて、御原《みはら》郡の姫社《ひめこそ》の社《もり》に堕ち、更《また》、還り飛び来て、此の山道川の辺に落ちき。此に因りて、珂是古、自ら神の在《いま》す処を知りき。其の夜、夢に臥機《くつびき》久都毗枳と謂ふ。絡垜《たたり》多々利と謂ふ。と儛ひ遊び出で来て、珂是古を圧《お》し驚かすと見き。ここに、亦、女神なることを識《し》りき。即《や》て《が》社を立てて祭りき。爾《それ》より已来《いらい》、路行く人殺害されず。因りて姫社といひ、今は郷の名と為せり。

とあることからもわかるように、幡は飛んでいき御原郡の姫社の森に落ち、そこからまた飛び去って山道川のほとりに落ちた。そこで珂是古は、荒ぶる神が姫社の森にいることを知ったという。さらに、珂是古はその夜に、もっぱら女性の仕事である機織の道具、「くつびき」と「たたり」が舞い遊ぶ夢をみたことから、荒ぶる神が女神であることをさとった。そして、神社を造り、荒ぶる神を祭ったところ、神は和らぎ、通行人を殺害することはなくなったというのである。

ここに登場する荒ぶる神も女神であり、山道川の西にいて、通行人の半分を殺している。また、この神のいるところは、川の西とあるだけで、具体的な位置を示してはいないが、あるいは、川の西から東へ渡る通行人を妨害していたのかもしれない。

川に関連するものとしては、同じ肥前国の佐嘉《さか》郡にも伝承がみられる。『肥前国風土記』には、

郡の西に川あり。名を佐嘉川といふ。年魚あり。其の源は郡の北の山より出で、南に流れて海に入る。此の川上に荒ぶる神ありて、往来の人、半を生かし、半を殺しき。

とある。佐嘉川の上流に荒ぶる神がいるというのである。この伝承で興味深いことは、先

の山道川と不思議な共通性がみられる点である。双方ともその源流は北の山となっており、それが南に流れるという点も共通している。また、山道川の場合は、川の西に荒ぶる神がおり、佐嘉川は川上にいるとあって、この点は相違しているが、佐嘉川は郡の西に位置していると記されている。こうした類似をどのようにとらえるべきかは簡単にはいうことができないが気になる点ではある。

佐嘉川の伝承の続きを追うなら、

ここに県主《あがたぬし》等の祖、大荒田《おおあらた》占問《うらど》ひき。時に、土蜘蛛《つちぐも》、大山田女・狭山田女といふものあり。二女子の云ひしく、「下田村の土を取りて、人形・馬形を作りて、此の神を祭《ま》祀《つ》らば、必ず応和《やはら》ぎなむといひき。大荒田、即ち、其の辞の随に、此の神を祭るに、神、此の祭を歆《う》けて、遂に応和ぎき。

と記されている。荒ぶる神に対して、地域の支配者である県主の立場にある大荒田が、対策のため夢占をおこなったところ、大山田女と狭山田女という二人の土ぐもが夢に現われたという。土ぐもとは、従来は、ヤマト政権下で非服従の民のことといわれ、朝廷から誅殺される存在ととらえられてきたが、これは一面的な理解にすぎないと考えられる。たしかに、非服従の性格をもち殺害される土ぐもは多いのであるが、その他の性格をみせる土ぐももおり、ここに姿をみせている二人の女性の土ぐものように、善良な者もいるのである。

その土ぐもの二人が、土で人形・馬形を作り、荒ぶる神を祭れば、神はきっと和らぐであろうと、大荒田にいったというのである。そこで、大荒田がそのとおりにして荒ぶる神を祭ったところ、はたして神は和らいだとされる。

播磨国と肥前国の荒ぶる神をとりあげてきたが、この他の国々の荒ぶる神についても『風土記』は記している。たとえば、『筑後国風土記』には、「麁猛神《あらぶる》」という表記で荒ぶる神が登場している。それによると、筑前国と筑後国との境である山の頂に荒ぶる神がいて、

往来の人、半は生き、半は死にき。其の数、極く多なり。因りて人の命尽《いのちつく》しの神と曰ひき。

というように交通妨害したので、「人の命尽しの神」とよばれていた。そこで、

時に、筑紫君・肥君等占へて、筑紫君等が祖甕依姫《みかよりひめ》を祝《はふり》と為して祭らしめき。爾より以降、路行く人、神に害《そこな》はれず。是を以ちて、筑紫神と曰ふ。

とあるように、甕依姫に荒ぶる神を祭らしたところ、神は和らぎ通行人は殺害されなくなった。そこで、荒ぶる神は筑紫神とよばれるようになったというのである。

ここにみられる荒ぶる神は、筑前・筑後両国の国境の山頂に鎮座しており、国境を越える人々にとっては避けることのできない場所にいる神といえよう。

この他にも『伊勢国風土記』の安佐賀社の条をみると、アマテラス大神が美濃国を回って伊勢国安濃《あの》の藤方の片樋宮にいたったときのこととして、

時に、阿佐賀山に荒ぶる神あり。百の往人をば五十人亡《ころ》し、四十の住人をば廿人亡しき。

とあり、阿佐賀山に荒ぶる神がいたことが記されている。そして、一〇〇人の通行人のうち五〇人を殺すとあるが、興味深いことは、次に四〇人の通行人の場合は二〇人を殺害するといっている点である。ふつう、たとえで一〇〇人の例をだしたのであれば、次には五

〇人の例がでてきそうなものである。それにもかかわらず、四〇人の例が示され、それらのうちの二〇人を殺すとあるのである。ここには、荒ぶる神が通行人の五〇パーセントに害をなすということを明確に主張しているように思われる。

さらに、『摂津国風土記』の下樋《したひ》山の条にも少し変わった荒ぶる神が姿をみせている。

昔、大神あり。天津鰐《あまつわに》と云ひき。鷲と化為《な》りて此の山に下り止りて、十人往《ゆ》けば、五人は往《ゆ》かし、五人は留めき。久波乎《くはこ》といふ者あり。此の山に来て、下樋を伏せて神の許に届《いた》り、此の樋の内より通ひて祈《の》み祭りき。是に由りて下樋山と曰ふ。

これがその伝承であり、ここでは荒ぶる神という表現はでてこず、天津鰐という名で姿をみせている。しかし、その内容から荒ぶる神の伝承とみてよいであろう。その天津鰐が鷲に変身して山に降り、交通妨害し一〇人の通行人のうち五人は殺害したという。そこで久波乎という者が下樋、すなわち、水を受け運ぶ管をひっくり返して、神のもとに届くトンネルを造り、そこを通って神を祭ったとある。久波乎としては、荒ぶる神に面対し殺害される危険性を避けた行為ということになろうが、何やら手のこんだ祭り方ともいえる。そして、その結果については伝承は何も語っていないが、すでにみてきた他の伝承をふまえると、最後にはこの荒ぶる神も和らいだと思われる。

もうひとつ、変わった例を『駿河《するが》国風土記』からとりあげてみたい。それは、てこの呼《よぶ》坂《さか》の条であり、廬原《いおはら》郡の不来見《こぬみ》浜にいる妻のもとに通ってくる神がいた。神はいつも岩木山を越えてやってくるのであるが、大きな問題があった。それは、

かの山に荒ぶる神の道さまたぐる神有て、さへぎりて不通《とほれず》。件《くだん》の神あらざる間をうかがひてかよふ。かるがゆゑに来ることかたし。女神は男神を待とて岩木の山の此方にいたりて、よる〳〵待に、待得ることなければ、男神の名をよびてさけぶ。よりてそこを名付て、てこの呼坂とすと云々。

というものであった。すなわち、男神が女神のもとに通う途中に山があり、そこに荒ぶる神がいて通行妨害するというのである。そのため、男神はすきをみて山を越えるというありさまであったから、当然のことながら、女神のもとへ思うようには通えなかった。ついに女神はがまんできずに山のこちらから男神の名をよんで叫んだというのである。ここでは通行人を半分殺すという記載はみられないが、それは恐らく神同士の間の話であるからと思われる。

以上、『風土記』にみられる荒ぶる神をとりあげて紹介してきた。いくつかの共通性や謎が浮かび上がってきたのではなかろうか。

荒ぶる神の実像

まず、『風土記』にみられる荒ぶる神は、交通を妨害する神であり、通行人の半分を殺害するという特性をもっているということがいえる。その所在は、山頂や川の西側、あるいは国境といったように、通行人が避けて通ることのできないところという傾向がみられる。つまり、交通の要地にいるといってもよいだろう。また、荒ぶる神は女神の場合もみられる。また、荒ぶる神ではあるが、祭祀を受ける場合、最終的には和らぎ、交通妨害をしなくなるということも特徴としてあげられる。

さらに、所在地を旧国別にみると、肥前と播磨に多いが、その他にも筑後・伊勢・摂津・駿河といった国々にも分布がみられる。すなわち、『風土記』では駿河以西の日本列島にそれなりの分布がみられるが、それにもかかわらず、『古事記』や『日本書紀』をはじめとした古代の史料には、こうしたタイプの荒ぶる神をみることはできない。このことは、『風土記』からみた場合、古代の日本にはある程度こうした荒ぶる神への認識があったと推測することができるのにもかかわらず、他の史料からは、まったくそういうことができないということである。これをどう考えたらよいのかについては、いまだに答えがでていない。

また、何よりも興味深いのは、交通妨害の神である荒ぶる神がなぜ通行人の半分、すなわち五〇パーセントを殺すのかということである。伝承からは、殺害する割合は必ず五〇パーセントであるということが強く感じとられる。交通妨害する恐ろしい神ということを強調したいのなら、通行人のほとんどを殺害した方がよく、そのパーセンテージについてもっと上げた方がよいようにも思われる。また、旅人にとって、旅から無事にもどれる可能性が半々であったことが五〇パーセントの割合になっていると考えることもできようが、やはり、漠然としていて何かもの足りない気がしないでもない。

この点について、断定するだけの考えをもっているわけではないが、神の性格から考えるのもひとつではなかろうかと思っている。神には、荒魂《あらたま》と和魂《にぎたま》という二つの側面があるといわれている。荒魂とは、荒々しい要素で具体的には人に害を与えたり、祟りをなしたりするものである。それに対して和魂とは、優しくおとなしい要素であり、人を守ったり幸や福をもたらしてくれるというものである。この二側面を神は備えていると考えられている。

この二側面のうち、通行人に害をなす交通妨害の神として登場する荒ぶる神の性格は、荒々しいものがよりふさわしいことは明らかである。したがって、この荒ぶる神の性格は、神がもっている荒魂と和魂のうち、荒魂が最大限に発揮された状態といってよいであろう。それが最後には祭祀を受けて和らぎ、通行人に害を及ぼさなくなるということは、荒魂の状態から和魂に変化したことをものがたっている。

このように考えるならば、荒ぶる神が通行人を五〇パーセント殺すという行為は、この神のもつ荒魂と無関係ではないように思われる。

そもそも、神は荒魂と和魂との二つの性格をもっているわけであるから、神が人に及ぼす影響力は、荒魂の部分が半分、和魂の部分が半分と考えられるのではなかろうか。これを交通妨害の神である荒ぶる神にあてはめると、荒魂の部分が通行人を支配できるのは半分の五〇パーセントとなる。このような認識が古代の人々にもあったと考えるならば、交通妨害の神として登場する荒ぶる神がきまって半分の通行人を殺し、残りの半分には手がだせないということにも納得がいくのではないかと思う。

5　カラクニイタテ神社と新羅

ユニークな社名

日本列島には、「八百万」と形容されるほど多くの神がおり、それらの神々を祭る神社もまた多い。そうした神社のなかには、一般にききなれたものもあれば、そうでない神社もある。ここでとりあげようとするカラクニイタテ神社は、その点では、あまり知られていない神社といえよう。そもそも社名からしてユニークであり、韓国伊大氐神社とか韓国伊太氐神社と表記される。

ユニークなのは社名だけではない。その分布にも特異性をみせている。具体的には出雲国の東部である意宇郡に三社、西部の出雲郡に三社という分布を示している。計六社ということになるが、これ以外の地域には確認することができないという、著しい分布のかたよりがみられるのである。

しかし、これらの六社は、いずれも『延喜式』の神名帳に記載された官社なのである。『延喜式』は十世紀のはじめにまとめられたもので、その巻の九と十は神名帳と称され、全国の官社が列挙されている。そこに社名がある神社は式内社とか延喜式内社とかとよばれ、少なくとも十世紀の初期の段階にはすでに国家が承認した公の神社としての社格を備えていたことが保証されているのである。その意味では、カラクニイタテ神社は、歴史のある古社ということになる。

さまざまな由来

カラクニイタテ神社は、その由来についても謎が多い。一般的には、スサノオ神の御子神である五十《い》猛《たける》神と関連させてとらえ、この神を祀る神社といわれている。こうした見解は、つとに千家俊信《としざね》によって唱えられており（『出雲国式社考』）、『日本書紀』の一書にみられるスサノオ神の出雲降りをふまえたものである。すなわち、スサノオ神が、韓国（新羅）を経由して出雲へ降るさいに同行した神が、御子神の五十猛神であり、このことを前提として、千家俊信は『出雲国式社考』のなかで「伊太氏は、氏は気とかよひて五十猛と同じ。忌部正通が神代口訣に、肥前国西南沖二五十猛島一、又貝原好古が考に、筑前国御笠郡筑紫神社は五十猛神といへり」とのべており、さらに、韓国伊大氏神社および五十猛神に関連あるものとして、「又帳に、紀伊国名草郡伊達神社 名神大 あり。是と同神なるべし。又同郡に伊太祁曽神社 名神大月次相嘗新嘗 あり。又大隅国囎唹郡韓国宇豆峯神社あり。是韓国てふ言を冠らせたる例也。又仁多郡伊我多気神社も此神を拝祭《おがみまつ》れり」として類例を提示している。

すなわち、千家俊信によれば、伊《い》大《た》（太）氏は五十《い》猛《たける》が転訛したものであり、韓国とあるのは五十猛神がスサノオ神に伴われて朝鮮半島を経由して、日本へ渡ってきたということになる。こうした千家俊信の見解は、江戸時代末期にのべられたものであるが、以後、あまり疑問をだされることなく受けつがれ、現在ではほとんど定説といってよいほどの位置を占めているといってよいであろう。

もっとも、千家俊信の説にまったく異議が唱えられなかったわけではない。たとえば、志賀剛は千家俊信とは違った独自の説を提示している。志賀は、イタテはイタチの変化したものであり、さらに、イタチはそもそもユタテであったとしている。すなわち、ユタテ→イタチ→イタテと変化したというのである。そして、ユタテは「湯立」であり、ここか

スサノオ神の出雲降りの概要

書名	スサノオ神の表記法	スサノオ神の降った場所	備考
古事記	須佐之男命 速須佐之男命	出雲国の肥の河上の鳥髪の地	
日本書紀本文	素戔嗚尊	出雲国の簸の川上	
日本書紀第一の一書	素戔嗚尊	出雲国の簸の川上	
日本書紀第二の一書	素戔嗚尊	安芸国の可愛の川上	
日本書紀第三の一書	素戔嗚尊	出雲国の簸の川上の山	スサノオ神の天降りした場所については明記していない
日本書紀第四の一書	素戔嗚尊	新羅を経て出雲国の斐の川上の鳥上の峯	五十猛神を率いて新羅へ降る
日本書紀第五の一書	素戔嗚尊	韓郷から紀伊国を経て熊成峯	五十猛命・大屋津姫命・枛津姫命が登場

らユタテの神は、湯を立てる神のことであると解釈した。したがって、イタテの神は湯立神ということであり、イタテに「韓国」がつけられているのは、遠来の神には新鮮な霊力があるとする古代信仰からきたものであろうとしている。

この志賀説を批判して、自説を展開したものとして、石塚尊俊の説がある。石塚は、播磨国餝磨郡の射楯兵主《いたてひょうず》神社を例にあげ、ここに祭られている射楯神と兵主神のうち、射楯神は『播磨国風土記』の因達《いだて》里の条に記されている「伊太代之神《いたて》」であるとした。そして、因達里の説話が、神功皇后による新羅平定のさい、その船の上に鎮座したのが伊太代之神である、という内容であることに注目して、「韓国」を頭に冠しないイタテ神の場合にも、すでに韓国との関係がみられるとしている。その上で、「韓国伊太氏神社」のなかで「由来、漢土・韓土の神を迎え祀る例は多く、そもそも『古事記』に「韓神《からかみ》」「曽富理神」と、明瞭な韓神の名がある」とのべ、こうした韓神・曽富理神を「帰化人によって招来された「今来《いまき》の神」であった」ととらえた。これらのことをふまえて、石塚は、出雲国の韓国伊太氏神社も今来の神の信仰と無関係でないとして、「韓国」は韓国そのもののことであり、「これを冠する伊太氏の神は、だから、あたかもかの八幡神が八旗の幡《はた》によって降臨ましましたというがごとくに、もしかしたら文字通り「射立」であり、矢になって降臨ましました神ではなかったろうか」と結論づけている。石塚の見解は、先の志賀が伊大氏神に冠せられた「韓国」を、遠来の神に新鮮な霊力があると考えた古代の信仰からくるとしたことを一歩進めて、渡来人によって招来された今来の神の信仰と関係があるとした点において、志賀説を批判的に継承したものといえよう。

石塚は、志賀説のイタテが本来、ユタテ（湯立）であるとする見解に対しては、疑問を呈している。志賀説の根拠のひとつに、ユタテ→イタチ→イタテという音の変化があげられるが、さらに、『延喜式』の神名帳にみられる伊達神社の多くが井泉に依存する立地になっているということも重要な根拠になっている。この井泉に依存するという立地条件に伊達神社が鎮座しているという点について、伊達神社のみに限ってよいかどうか問題があるといわざるをえない。というのは、神社と清らかな井泉との関係は、むしろ一般的ととらえる方が自然だからである。

また、音の変化についても、ユタテ→イタチ→イタテと変わる可能性はもちろん否定することはできないかもしれないが、その一方で、そのように変化する必然性ということを考えるならば、それほど強いものがあるともいえないのではなかろうか。

こうした点を考え合わせるならば、志賀説は興味深い見解ではあるが、にわかに肯定することはできないように思われる。また、石塚説についても、今来の神とされる韓神・曽富理神を例にひき、そこから韓国伊大氐神も今来の神の信仰と関係があるとすることは飛躍があるように思われる。すなわち、伊大氏神が韓国と関係のある神であるということと、韓神や曽富理神と同じ性格をもっているということは、別次元で考えるべきであろう。石塚説はこの点において、なお問題を残していると思われる。

通説的な理解と、それに対する異説とをとりあげて紹介したが、いずれも根拠が十分とはいい難かった。それでは、カラクニイタテ神をどのようにとらえたらよいのであろうか。

カラクニイタテ神の実体

カラクニイタテ神を知る手がかりは、その神を祭る神社が記載されている『延喜式』の神名帳と、さらに、『出雲国風土記』の神社一覧とにあると思われる。『延喜式』は、延長五年（九二七）に成立したもので、これによって少なくとも十世紀前半の段階における神社の様相を把握することが可能である。一方、『出雲国風土記』は、天平五年（七三三）に出雲国においてまとめられたものであり、ここには郡ごとに官社と非官社とがまとめて記載されている。

これらから明らかなように、出雲国においては、『出雲国風土記』と『延喜式』神名帳を比較的に用いることによって、八世紀前半と十世紀前半の両時期における神社の状況を追求することができる。

そこで、韓国伊大氏神社の分布を具体的にみるならば、『延喜式』神名帳の出雲国意宇郡の条に、

①玉作湯《たまつくりゆ》神社　同社坐韓国伊太氏神社
②揖屋神社　同社坐韓国伊大氏神社
③佐久多神社　同社坐韓国伊大氏神社

の三社がみられ、また、同じく出雲郡の条にも、

④阿須伎神社　同社神韓国伊太氏神社
⑤出雲神社　同社韓国伊大氏神社
⑥曽枳能夜《そきのや》神社　同社韓国伊大氏奉神社

というように、三社の存在を確認することができる。これらの合わせて六つの韓国伊大氏神社を通覧して、最初に目につくことは、これら六社の表記が「大」を用いる場合と「太」

曽枳能夜神社境内の韓国伊大氏神社

を使っている場合とがある、ということである。こうした表記の相違は、写本の過程で生じたものと考えられる。また、出雲郡の曽枳能夜神社との関連でみられる韓国伊大氏神社の「奉」については、衍字《えんじ》とみなしてさしつかえないであろう。すなわち、本来はなかった字が写本の過程でまぎれこんだと思われる。同じく出雲郡の阿須伎神社との関連でみられる同社神韓国伊太氏神社についても、社名の頭に「神」の字が冠せられているが、これも神名などの上に神をつける例があるので、特別視することはないであろう。

　こうした分布がみられる韓国伊大氏神社を『出雲国風土記』の段階での神社と対応させると表のようになるとされている。この表をみると明らかなように、『出雲国風土記』には、韓国伊太氏神社という社名をもつ神社は一社も存在していない。つまり、『出雲国風土記』が作成された天平五年（七三三）の段階では、韓国伊大氏神社はいまだ成立していなかったと考えられるのである、それが、時間を経て、延長五年（九二七）に成立した『延喜式』には、六つの韓国伊大氏神社の姿がみられるのである。このことから韓国伊太氏神社は、八世紀の前半から十世紀前半の間に創建された神社と考えることができよう。つまり、『出雲国風土記』の段階では、まったく別の名称であった神社が、そののち韓国伊大氏神社という社名に変化したと考えられている。

韓国伊大氏神社の分布

『出雲国風土記』		『延喜式』神名帳
〔意宇郡〕		
①玉作湯社	→	玉作湯神社
由宇社	→?	同社坐韓国伊太氏神社
②伊布夜社	→	揖屋神社
伊布夜社	→	同社坐韓国伊大氏神社
③佐久多社	→	佐久多神社
佐久多社	→?	同社坐韓国伊大氏神社
〔出雲郡〕		
④阿受枳社	→	阿須伎神社
阿受枳社	→	同社神韓国伊太氏神社
⑤出雲社	→	出雲神社
御魂社	→	同社韓国伊大氏神社
⑥曽伎乃夜社	→	曽枳能夜神社
曽伎乃夜社	→	同社韓国伊大氏奉神社

そうであるならば、こうした成立期に関する問題は、韓国伊大氏神社の性格を考える上で重要な点であると思われる。しかし、従来、この神社についてのべられるさいには、社名の読み方に考察のウェイトが置かれ、成立期の事情に関してはほとんど注意が払われてこなかったようにみうけられる。社名の読みについての検討が重要であることは十分に理解できるが、いままでのように読みにばかり

重点を置いたアプローチだけでは限界があることも明らかであろう。韓国伊大氏神およびその神社の実像を追い求めるさいには、社名の面からの考察ばかりでなく、それに加えてこの神社の、成立時期の状況への配慮もまた必要であろう。

このことをふまえて、韓国伊大氏神社の創建時期の状況にスポットをあててみたい。そのさい、先述したように、創建時期は、天平五年（七三三）から延長五年（九二七）の間と考えられること、また、韓国伊大氏神社の「韓国」については、やはり、文字通り韓国、すなわち、朝鮮半島と考えるのが妥当であるということの二点を前提として検討すべきであろう。

その結果、この二つの点を考慮して、八世紀前半から十世紀前半までの間を視野に入れ、朝鮮半島との関係を概観すると、八世紀から九世紀にかけての時期、対新羅関係は恒常的に悪化の様相をみせている。こうした状況に対して、日本側もさまざまな対応をとっている。それらのなかでも、『日本三代実録』の貞観九年（八六七）五月二十六日条にみえる記事は興味をひかれる。この条では、四王寺の建立が命じられている。すなわち、伯耆・出雲・石見《いわみ》・隠岐・長門《ながと》の五か国に八幅の四天王像を安直して新羅へ備えよというものである。この記事のなかで建立を命じられた国々のひとつに出雲国が入っていることはみのがせない。これら四王寺の建立を命じられた国々のなかで最も新羅に近接しているのは隠岐国ということになろうが、隠岐国は日本海に浮かぶ群島であり、国家側の意識からすれば、むしろ、出雲国が新羅と境を接している国とされていたのではあるまいか。

四王寺は仏教面からの対策といえるが、こうした対新羅関係の悪化の時期が、おりしも韓国伊大氏神社の創建推定期と重なるということは決して偶然とは思われない。むしろ、韓国伊大氏神社の創建が、対新羅関係の悪化と無関係ではないと考える方が、より自然ではなかろうか。つまり、韓国伊大氏神社は、こうした状況下で、国家によって新羅と境界を接していると認識されていたであろうと思われる出雲国に創建された神社とみなすことができよう。

それでは、韓国伊大氏神社とは具体的にどのような神社であったのかというと、「韓国」は、文字通り韓国であり、新羅のこととみてよいであろう。とするならば、「伊大氏」が問題になってこよう。この点については、『延喜式』の神名帳のなかに、播磨国餝磨郡のものとして、射楯兵主神社がみられることが手がかりとなろう。この神社は、『延喜式』において、二座の扱いになっていることから、射楯神と兵主神とを祭っていると考えられる。このうち、射楯神については、『播磨国風土記』の餝磨郡因達里の条に、「伊太代之神」として姿をみせている。「伊太代之神」は、神功皇后が韓国平定のため渡海しようとしたさいに船の前に鎮座して守護したとされる神である。

八・九世紀の日羅関係

養老	五年（七二一）	新羅貢朝使、太上天皇の死のため筑紫から帰還
	六年（七二二）	遣新羅使を任ず
		新羅、日本の賊の侵入に備え毛伐郡城を築く
	七年（七二三）	新羅使来朝
神亀	一年（七二四）	遣新羅使を任ず
	二年（七二五）	遣新羅使帰国
	三年（七二六）	新羅使来朝
天平	三年（七三一）	日本の兵船、新羅の東辺を襲う
	四年（七三二）	遣新羅使を任ず
		新羅使来朝
	六年（七三四）	新羅使、大宰府に来朝
	七年（七三五）	新羅の国号を王城国と改称したことを理由に新羅使を追却
	八年（七三六）	遣新羅使を任ず
		新羅、遣新羅使を受けつけず
	九年（七三七）	新羅の失礼に対して官人に意見を求める
		伊勢神宮・大神神社・筑紫の住吉社および八幡社・香椎廟に新羅無礼の状を奉幣・奏上
	一〇年（七三八）	新羅使を大宰府から追却
	一二年（七四〇）	遣新羅使を任ず
	一四年（七四二）	新羅使、大宰府に来朝、新都の久爾宮の未完成を理由に入京させず
	一五年（七四三）	新羅使、失礼により追却
天平勝宝	四年（七五二）	遣新羅使を任ず
		新羅使、大宰府に来朝
	五年（七五三）	唐朝における朝賀で遣唐使と新羅使が席次を争い、遣唐使が上席を占める
		遣新羅使を任ず
		遣新羅使、無礼により新羅王引見せず
天平宝字	三年（七五九）	征新羅のため大宰府に行軍式を造らせる

		香椎廟に征新羅の状を奏上
		新羅より帰化の請願者を放還
		征新羅のため船五〇〇艘の営造を命ず（北陸道八九艘・山陰道一四五艘・山陽道一六一艘・南海道一〇五艘）
	四年（七六〇）	帰化新羅人一三一人を武蔵国へ移す
		新羅使来朝、身分の軽さを理由に追却
	五年（七六一）	征新羅のため美濃・武蔵両国の少年に新羅語を習わせる
	六年（七六二）	征新羅のため香椎廟に奉幣
	七年（七六三）	新羅使来朝
神護景雲	三年（七六九）	新羅使、対馬に来朝
宝亀	五年（七七四）	新羅使、大宰府に来朝、問答ののち退却
		新羅人の漂着は追却させる
	一〇年（七七九）	遣新羅使を任ず
		新羅渡来朝の由を問う
	一一年（七八〇）	新羅使、方物を献ず
延暦	六年（七八七）	日本王、新羅に万波息笛を求める
	一八年（七九九）	遣新羅使を任ず
		遣新羅使を停止
	二一年（八〇二）	新羅の均貞を日本の質としようとするが均貞は拒否
	二二年（八〇三）	新羅、日本と交聘
	二三年（八〇四）	日本国使、新羅に黄金三〇〇両を献上
大同	一年（八〇六）	日本国使、新羅朝元殿で引見
	二年（八〇七）	筑前国金光明寺に四天王像をもどす
	三年（八〇八）	日本国使、新羅に来泊
	四年（八〇九）	大野城鼓峯で四天王法を修す
弘仁	二年（八一一）	新羅人、大宰府に漂着
	三年（八一二）	新羅の海賊船、対馬に漂着
弘仁	三年（八一二）	新羅人の清漢波ら漂着

		新羅人の劉清らを追却
	四年（八一三）	新羅人、肥前国小値賀島に来着し島民を殺傷
	五年（八一四）	新羅の王子来朝のときは、隣好の志があっても退却すべしとする
		新羅の商人、長門に漂着
		新羅人、博多津に漂着
	七年（八一六）	新羅人の清右珍ら一八〇人帰化
	八年（八一七）	新羅人四三人帰化
		新羅人一四三人帰化
	一一年（八二〇）	新羅人、献物
	一三年（八二二）	新羅人四〇人帰化
天長	一年（八二四）	新羅人、能登に漂着し琴などを献上
		新羅人五四人を陸奥に安置し口分田を与える
	八年（八三一）	新羅人の交易品を大宰府に検査させる
	一〇年（八三三）	新羅人を左京に貫付
承和	一年（八三四）	新羅人、大宰府に漂着、百姓が彼らを襲う
	二年（八三五）	新羅の商人、壱岐に来着、島民に要害を警備させる
	三年（八三六）	遣唐使船が新羅に漂着したため新羅に使節を派遣
	七年（八四〇）	新羅人の張宝高、方物を献ず、大宰府より追却
	八年（八四一）	新羅人の張宝高、使者を大宰府に派遣するが追却
	九年（八四二）	新羅人の商人の李少貞ら筑紫に漂着、食料を与えて追却
		太宰大弐藤原衛、新羅人の来朝禁止など四条起請を上奏
	一二年（八四五）	大宰府、新羅人の来着を報告
嘉祥	一年（八四八）	能登国、新羅使の王文矩らの来着を報告
	二年（八四九）	対馬の史生を廃し弩師を置く
斉衡	三年（八五六）	新羅人三〇人、大宰府に来着、食料を与えて追却
貞観	五年（八六三）	新羅の沙門三人、博多津に来着、唐船に乗せて追却
		新羅人、因幡国に来着

	六年（八六四）	前年に石見国へ漂着した新羅人を追却
	八年（八六六）	日本国使、新羅にいたる
		肥前国大領、新羅の対馬襲撃を大宰府に奏上
		新羅兵に備え能登・因幡・伯耆・出雲・石見・隠岐・長門の七国と大宰府に命じて諸神に奉幣して鎮護の殊効を祈らせるとともに兵の試練を命じる
	九年（八六七）	新羅調伏のため伯耆・出雲・石見・隠岐・長門の五国に四天王像を安置させる
		豊前国宇佐八幡宮および北陸道諸国に仏像をわかつ
	一一年（八六九）	隠岐国の史生を廃し弩師を置く
		新羅の海賊、豊前国の絹綿を掠奪する
		新羅の海賊の豊前国の貢調使襲撃の件で大宰府を戒める
		長門国に弩師を置く
		新羅の侵掠に備え大宰府に諸国の浮囚を徴発す
	一二年（八七〇）	卜部乙屎麻呂、新羅の対馬襲撃計画を報告、これによって因幡・伯耆・出雲・石見・隠岐らの国に警備を命じる
		大宰府管内の新羅人を陸奥国へ移す
		出雲国の史生を一人廃し弩師を置く
		大宰府より新羅人七人が逃亡
	一五年（八七三）	武蔵国の新羅人が逃亡
		長門国の四王院の沙弥教勝・教林を得度させる
		対馬に漂着し鴻臚館に禁固していた新羅人を放還
	一六年（八七四）	新羅人、対馬に漂着
元慶	二年（八七八）	日本国使、新羅にいたる
	三年（八七九）	武蔵国の新羅人が逃亡
	四年（八八〇）	隠岐国の兵庫が振動、因幡・伯耆・出雲・隠岐の諸国に警備を命じる
	六年（八八二）	日本国使、新羅に黄金・明珠を進上
仁和	一年（八八五）	肥後国天草郡に来着した新羅使を追却
		北陸道諸国・長門国・大宰府に警備を命じる

これらのことをふまえると、「伊大氏」「伊太代」は、射楯と考えることができ、韓国、すなわち、新羅に対する防備を象徴しているとみることができる。つまり、韓国伊大氏神社は、新羅から出雲国を、ひいては日本を守るために建立された神社ということができるのではなかろうか。

そして、このことは、四王寺を建立することによって仏教的に国家を鎮護するとともに、韓国伊太氏神社を創建して神祇的にも国家を守護しようとしたものに他ならないと考えられる。いいかえるならば、新羅からの脅威に対して、国家は仏教的な面からと神祇的な面からとの両面から安全対策をおこなったわけであり、その神祇的な側面を担ったのが出雲国の韓国伊大氏神社ということになる。

このように考えるならば、韓国伊大氏神社の創建の時期についても、四王寺の建立が命じられた貞観九年（八六七）のあたりが考えられてしかるべきであろう。すなわち、韓国伊大氏神社の創建の時期に関しては、明確に年代を限定することは困難であるが、九世紀後半をその時期として設定してよいと思われる。

6　古四王神社の由来

東北独特の神社

日本列島には数多くの神社が分布している。しかし、ひとくちに神社といってもそれぞれであり、たとえば特定の地域に分布がかたよってみられるものもある。古四王《こしおう》神社もそういったタイプの神社である。

具体的にいうと、古四王神社は、現在、秋田県をはじめとして、山形・岩手・福島・新潟の各県に分布もしくはその痕跡がみられる。東北に限定的にみられる神社といってもよいであろう。それらのなかでも、秋田県大仙市古四王際《ぎわ》に所在する古四王神社は、入母屋造の本殿が小ぶりながらも重要文化財に指定されている。

大仙市の古四王神社

写真提供：大仙市

しかし、この独特の分布、そしてユニークな社名の古四王神社ではあるが、各々の地元以外ではあまりなじみのない神社といえよう。この神社の由来に関しては、社名の「コシオウ」から「越王」を結びつけ、北陸（越）への平定伝承をもつ大彦《おおひこ》命との関係がいわれている。そこから発展して、古四王神社の分布を通して、古代における北陸の勢力の東北進出経路の推定などがなされている。しかし、これらの見解のほとんどは、古四王神社と越王との間に共通する呼称が唯一といってもよいくらいの根拠で、他に直接的な論拠についてはあまり指摘されていない。これらの点をふまえると再検討の余地が多分にあるといってよいであろう。

従来の由来について

古四王神社の由来をのべているものに、秋田市寺内《てらうち》にある古四王神社の社伝がある。この神社は、古代の秋田城との関係がいわれ、創建は天長七年（八三〇）以前とされている。現在、東北各地にみられる古四王神社のうちで最も創建が古いとされている。創建年代については、のちにもう一度とりあげることにする。

　社伝によれば、崇神天皇の時代に大彦命が北陸一帯に遠征して、この地にタケミカヅチ命を祭り齶田浦《あぎたうら》神と称し、これにのちになって阿倍比羅夫《あべのひらふ》が蝦夷を討伐したさい大彦命を合祀して古四王神とした、とある。大彦命は、『日本書紀』の崇神天皇十年九月九日条に、四道将軍の一人として北陸へ派遣されたことになっている。『古事記』でも高志道《こしのみち》へ

秋田市寺内の古四王神社

写真提供：秋田市古四王神社

遣わされたとある。もちろん『日本書紀』や『古事記』にみられるこれらの記事を歴史的事実とみなすことはできない。あくまでも伝承とみるべきである。それは、『日本書紀』の崇神天皇の条をみると、四道将軍の派遣が決められたあと、国内に反乱が起き、その鎮圧に時間をとられ、実際に四道将軍が任地に出発したのは、崇神天皇十年の十月二十二日のこととされている。にもかかわらず、崇神天皇の十一年四月二十八日には、四道将軍が朝廷にもどり、賊を平定したことを奏上しているのである。つまり、四道将軍は、任地へ向かった半年後には、もう賊を平定してもどってきているのである。これは、いくら何でもあまりにも早すぎるといわざるをえない。崇神天皇は、皇統譜では十代目の天皇であるが、実在した初代の天皇（大王）といわれている。したがって、崇神天皇の時代には、四方に多くの将軍が派遣されて平定事業がおこなわれたであろうことは想像に難くない。こうした平定事業を象徴的に語ったのが四道将軍の派遣記事と考えられる。

タケミカヅチ命は、現在の茨城県の鹿島神宮の祭神であり、「記・紀」の国譲り神話のなかで、オオクニヌシ神に国譲りを迫る武神として知られる。律令国家の東北進出のさい、守護神としての役割を果たした。

齶田浦神については、『日本書紀』の斉明天皇四年（六五八）四月条に、阿倍比羅夫が軍船一八〇艘を率いて齶田・渟代《ぬしろ》の蝦夷を攻撃したことが記されている。このとき齶田の蝦夷の恩荷《おが》が、決して官軍に反抗しないことを齶田浦神に誓って帰順してきた、とあるのが史料にみられるはじめである。この神は、浦の神とあることから海神であり、秋田湾一帯の地主神といわれている。

阿倍比羅夫は、「越国守阿倍引田臣比羅夫」と称され、斉明朝において東北の蝦夷や粛慎《みしはせ》と戦った武将であり、のちの白村江《はくそんこう》の戦いにも将軍として従軍している。

こうしたことをふまえて、あらためて社伝をみると、主として二つの要素からなっている。まずひとつは、北陸を平定した大彦命、つまり、越王が祭られていることが社名の由来であるということであり、もうひとつは、その越王は阿倍比羅夫によってもたらされたということである。比羅夫は、越の国守であったこと、そして、東北の蝦夷を平定したことで、いわば越王の媒介者としての役割を果たしている。この点、社伝には一応の一貫性がみられるのであるが、もとより社伝に関しては批判的にみる必要がある。

しかし、従来の説は、この社伝をそのまま基盤にしているように思われる。早くは、大正年間（一九一二〜一九二五年）に刊行された『秋田県史』（旧版）がそうであり、現在でも基本的には、越王から古四王神へという考えは継承されているように思われる。もっとも、現在は、この考えとともに古四王と四王との関係もいわれており、越王と四天王とが習合して古四王になったとみるのが一般的である。

四天王との関係については、『類聚国史』の天長七年（八三〇）正月二十八日条にみられる出羽国の駅伝奏がひき合いにだされる。これは、正月に発生した大地震の奏上であり、このなかに鎮秋田城司で出羽介であった藤原行則が国守にだした牒《ちょう》（文書）がひかれている。その牒によれば、三日の辰の刻（午前八時前後）に大地が震動し雷のような響きとともに建物などが大崩壊したとして、援兵の要請がなされている。被害の様子については、

城墎官舎幷四天王寺丈六仏像。四王堂舎等。皆悉顛倒。

と記されている。まず問題になるのは、この牒でのべられている四天王寺と四王堂の関係である。四天王寺は四天王を安置していた寺院と考えられる。四王堂はそもそも越王を祭っていた古四王神社の後身で、この四王堂が現在の古四王神社へとつながっていくといわれている。この点に関しては、一見すると四王堂が四天王を祭っていたと考えてもよいようにみえるが、それならば四天王寺と性格が重複するとして、四王堂は齶田浦神がのちになって越王と結合し、その神格が四天王と習合して四天王寺の寺内鎮守となっていたと考えるのが通説となっている。

このように、越王から古四王神社へという見解は一般的に認められているといわざるを

えないのである。しかし、こうした通説には検討の余地がいまだ残されているように思われる。まず、第一に問題にしたいのは、越王を祭った古四王神社が四天王と習合して四王堂になる、という点である。この移行はスムーズにみえるが、それは音の響きが似ているためで内容的には関連がみられない。

四天王は、四王ともいい、仏法および仏法の帰依者を守護するものであるが、のみならず王法・国土をも守るとして崇敬された。その典型は貞観期（八五九〜八七七年）に新羅を調伏するために山陰道の諸国に造られた四王寺にみることができる。秋田城に付属した四天王寺も、これら山陰道の四王寺と性格的には同じと考えられる。すなわち、蝦夷平定と秋田城の鎮護を目的にした寺といえる。

ここで、山陰道諸国の四王寺の設置記事に注目してみたい。すなわち、『日本三代実録』の貞観九年（八六七）五月二十六日条には、四王寺の役割として、最勝王経四天王護国品によって、昼は経巻を読み、夜は神咒《しんじゅ》を誦すこと、また、春秋には四王寺修法をおこなうことがあげられている。ここから四王寺の性格のなかに神仏習合の様子がうかがわれる。したがって、秋田城の四王寺においても、こうした神仏習合の状態を想定することは十分に可能であり、四王堂を四天王寺の鎮守とみなすことは妥当といえよう。しかし、これはあくまでも四王堂の「四王」が四天王寺の「四天王」であるということであって、越王との関連を示すものではない。

また、すでにみた牒の天長七年（八三〇）の地震で、転倒したものについて、「城郭・官舎・四天王寺・丈六の仏像・四王堂などすべて」と解釈するのが一般的であるが、これには疑問が残る。それは何かというと、丈六の仏像は四天王寺の本尊と考えられるが、とするならば四天王寺と本尊が倒れたというのは、まさしく重複することになるのではなかろうか。四天王寺が倒壊したとだけ記せばことは足りるのであり、あえて本尊の転倒まで明記する必要性はみあたらない。さらに、重複という点では、城郭と官舎とについてもいえよう。したがって、このとき倒れたのは、城郭の官舎、並びに四天王寺の丈六の仏像、四王堂などであり、四天王寺自体は転倒しなかったと解釈するべきと考える。

第二に問題となるのは、四王堂の前身とされる古四王神社の存在である。『延喜式』の神名帳によれば、古四王神社という社名は、出羽・陸奥の両国はもとより、北陸道の越後・越中・加賀・能登・越前・若狭《わかさ》といった諸国にもまったくみることはできない。神名帳は元慶期（八七七〜八八五年）頃までの状況を反映しているといわれるから、少なくとも九世紀後半の段階において、古四王神社は一社も官社としての扱いを受けていないことがわかる。もとよりこのことは、古四王神社の存在までを否定するものではないが、越王を神格として、古代の東北に広範囲に分布したとするこれまでの説とは矛盾する現象といえるのではなかろうか。特に出羽国に一社も記載がみられないということは、むしろ、従来からいわれているような分布が古代からのものではない、ということをものがたっているように思われる。

これらの検討から、古四王神社と越王との間には、一般的にいわれているような関係を積極的に肯定する根拠はみいだせなかった。それでは、古四王神社の由来を何に求めるべきであろうか、ということが問題になってこよう。

古四王神社の実体

いままでのことをふまえて、古四王神社の起源を考えるならば、やはり、天長七年（八三〇）の藤原行則の牒にみえる四王堂とするのが穏当であろう。四王堂は先に述べたように、蝦夷平定・秋田城鎮護を目的とする四天王寺の鎮守として機能していたと推測できる。したがって、その起源は秋田城の設置時期から天長七年（八三〇）の間と限定することができる。

秋田城の設置については、天平五年（七三三）説と天平宝字八年（七六四）前後説とがあるが、いずれにしても、四王堂の起源は奈良時代以降ということになる。つまり、四王堂は秋田城設置後に四天王寺の鎮守として新たに造られたものといえる。

このように、四王堂は四天王寺との関係のみで十分に理解することができ、それ以外の関係については具体的に指摘することができない。それにもかかわらず、越王との関係をいうのはやはり、無理といわざるをえない。

四王堂が現在の秋田市寺内に所在する古四王神社の前身であるとすることは、位置的にも妥当であろう。さらに、各地の古四王神社のなかで寺内の古四王神社の起源が最も古いことを考え合わせるならば、やはり、ここから各社が派生したとみてよいのではあるまいか。つまり、古四王神社は奈良時代になってから四天王信仰の影響によってできたといえる。

それでは、四王堂から古四王神社への変遷過程をどのようにとらえたらよいのであろうか。この点に関しては、寺内の古四王神社に中世の記録が伝存されておらず、史料的に経過を追うことができない。しかし、秋田の四天王寺のものとして、京都の積善院に伝えられていた「四王寺印」と刻まれた印と、それに伴われていた「古四王寺祭礼之作法表白」によって、ある程度の推測が可能である。

印については、その制作年代は明らかでないが、この印が秋田から京都へ移された時期は、四天王寺が積善院の末寺となった戦国時代であるといわれている。とするならば、「古四王寺祭礼之作法表白」が書かれた時代には、四天王寺は古四王寺と称していたことがわかる。ここで注目したいのは、四天王寺から古四王寺への名称の変化である。四天王寺という名称は、先述のように蝦夷平定・秋田城鎮護のために四天王を祭ったことによっている。したがって、四王寺となることはあっても古四王寺となることは本来、ありえない。いいかえるならば、このことは古四王寺と称する時代には、建立寺の由緒が希薄化もしくは重要視されなくなっていることを示している。四天王寺が古四王寺と称するようになるのは、恐らく中世以降のことと思われる。

古代における四天王寺と四王堂との関係が中世にどのような展開をみせたかについては不明であるが、四王堂に対する四天王寺の影響力を想定することは十分に可能であろう。四王堂は、この影響力のもとに四王社から古四王社、もしくは、古四王堂から古四王社へと名称をかえていったと思われる。そうした変遷の結果、名称の類似から越王との関係が付会され、いわゆる古四王信仰といわれるものが発生したのであろう。したがって、現在、東北にみられる古四王神社の分布も古代にさかのぼるものとは考えられず、中世以降の所産とみてさしつかえないであろう。つまり、古四王神社の由来は、従来いわれてきた越王との関連でとらえるのではなく、四天王寺や秋田城との関係からのみ把握するべきと考えられるのである。

あとがき

ずいぶん以前から、『風土記』を用いて、日本古代史をみつめ直すことができないであろうかと思っており、本書の出発点もそこにある。あれこれ考えた末にいき着いたのが、神話の世界である。「はじめに」にも書いたが、日本神話といえば、「記・紀」神話のことと思っている人が少なくないと考えていたので、いっそのこと「記・紀」神話の体系を『風土記』を基本史料として組み立て直すとどのようになるのかを試みてみようと思ったのである。ちょうど、平凡社の関口秀紀さんから出版のお話をいただいたので、こうした考えをのべたところ、幸いにも承諾していただき、気持が高ぶった。何しろ、「記・紀」神話の体系を他の書物に置き換えて叙述しようなどという試みは、聞いたこともないし、まして『風土記』を使って再構成してみたらどうなるであろうという考えは皆無といってもよかった。したがって、面白がっているのは、わたしだけで、こうしたことがはたして書籍として成立するのか否かは全く見当がつかない、というのが正直なところであった。そうであったから編集者の関口さんに耳を傾けていただけたことはうれしかった。

しかし、それから何と二〇年近くの歳月が経過してしまった。ひとえにわたしの怠慢が原因であり、関口さんは平凡社を定年になり、わたしもまた、定年を考える年齢になった。この間、何度か関口さんに、本書の企画はまだ〝生きているのでしょうか〟とおうかがいをたてたものである。

こうした事情であるから、本書が日の目をみることができるのは、何よりも関口さんのご厚情によるものであり、また、編集を受け継いでくださった蟹沢格さんのご尽力によるものである。幸いにも管見の限りでは本書のような意匠の書籍は、いまだないように見受けられる。わずかばかりの心意気が過信でなければと祈りつつ、ペンを擱《お》くことにしたい。

二〇一八年神在月

瀧音能之しるす

◎参考文献

Ⅰ　テキスト

青木和夫・石母田正・小林芳規・佐伯有清校注『古事記』日本思想大系、岩波書店、一九八二
青木和夫・稲岡耕二・笹山晴生・白藤禮幸校注『続日本紀』一〜五、新日本古典文学大系、岩波書店、一九八九〜九八
秋本吉徳編『出雲国風土記諸本集』古典資料類従、勉誠社、一九八四
秋本吉郎校注『風土記』日本古典文学大系、岩波書店、一九五八
植垣節也校注・訳『風土記』新編日本古典文学全集、小学館、一九九七
荻原千鶴全訳注『出雲国風土記』講談社学術文庫、一九九九
加藤義成『修訂 出雲国風土記参究』今井書店、一九八一
倉野憲司・武田祐吉校注『古事記 祝詞』日本古典文学大系、岩波書店、一九五八
坂本太郎・家永三郎・井上光貞・大野晋校注『日本書紀』上・下、日本古典文学大系、岩波書店、一九六七・六五
高木市之助・五味智英・大野晋校注『万葉集』一〜四、日本古典文学大系、岩波書店、一九五七〜六二
瀧音能之『神と神話の古代史』岩田書院、一九九六
武田祐吉編『風土記』岩波文庫、一九三七

田中卓校注『風土記』神道大系、神道大系編纂会、一九九四
東京大学史料編纂所編『大日本古文書 編年之一』『大日本古文書 編年之二』東京大学出版会、一九七七
西宮一民校注『古事記』新潮日本古典集成、新潮社、一九七九
廣岡義隆編『蓬左文庫本出雲国風土記 影印・翻刻』塙書房、二〇一八
山田孝雄『出雲国造神賀詞義解』出雲大社教教務本庁、一九六〇
與謝野寛・正宗敦夫・與謝野晶子編纂校訂『古風土記集 上巻――出雲風土記』日本古典全集、日本古典全集刊行会、一九二六
吉野裕訳『風土記』東洋文庫、平凡社、一九六九

Ⅱ 著書

秋本吉郎『風土記の研究』大阪経済大学後援会、一九六三（ミネルヴァ書房、一九九八復刻）
朝山晧『出雲国風土記論』島根県古代文化センター、一九九八
朝山晧『出雲国風土記とその周辺』島根県古代文化センター、一九九九
阿部眞司『大物主神伝承論』翰林書房、一九九九
石塚尊俊『古代出雲の研究――神と神を祀るものの消長』佼成出版社、一九八六
石塚尊俊『出雲国神社史の研究』岩田書院、二〇〇〇
井上実『出雲神話の原像』三省堂、一九七二
荊木美行『風土記と古代史料の研究』国書刊行会、二〇一二
内田律雄『出雲国造の祭祀とその世界』大社文化事業団、一九九八

大林組プロジェクトチーム編『古代出雲大社の復元――失なわれたかたちを求めて』学生社、一九八九
神田典城『記紀風土記論考』新典社、二〇一五
大山誠一『神話と天皇』平凡社、二〇一七
小倉慈司・山口輝臣『天皇と宗教』講談社、二〇一一
加藤義成『出雲国風土記論究』上・下、島根県古代文化センター、一九九五・九六
門脇禎二『出雲の古代史』NHKブックス、日本放送出版協会、一九七六
菊地照夫『古代王権の宗教的世界観と出雲』同成社、二〇一六
佐藤四信『出雲国風土記の神話』笠間書院、一九七四
新谷尚紀『伊勢神宮と出雲大社――「日本」と「天皇」の誕生』講談社選書メチエ、二〇〇九
関和彦『新・古代出雲史――『出雲国風土記』再考』藤原書店、二〇〇一
千家尊統『出雲大社』学生社、一九六八
千家和比古『伊勢神宮と出雲大社の御遷宮をめぐって』東京都神社庁、二〇一四
瀧音能之『出雲国風土記と古代日本――出雲地域史の研究』雄山閣出版、一九九四
瀧音能之『「出雲」からたどる古代日本の謎』青春出版社、二〇〇三
瀧音能之『古代出雲を知る事典』東京堂出版、二〇一〇
瀧音能之『出雲古代史論攷』岩田書院、二〇一四
瀧音能之『風土記から見る日本列島の古代史』平凡社新書、二〇一八
瀧音能之・鈴木織恵・佐藤雄一編『古代風土記の事典』東京堂出版、二〇一八
田中卓『出雲国風土記の研究』国書刊行会、一九八八

永藤靖『風土記の世界と日本の古代』大和書房、一九九一
橋本雅之『古風土記の研究』和泉書院、二〇〇七
平泉澄監修『出雲国風土記の研究』出雲大社御遷宮奉賛会、一九五三
前島己基編著『古代出雲を歩く――古代遺跡探訪』山陰中央新報社、一九九七
松本直樹『神話で読みとく古代日本――古事記・日本書紀・風土記』ちくま新書、二〇一六
三浦佑之『古事記のひみつ――歴史書の成立』吉川弘文館、二〇〇七
水野祐『出雲国風土記論攷』早稲田大学古代史研究会、一九六五
水野祐『古代の出雲』吉川弘文館、一九七二
水野祐『古代の出雲と大和』大和書房、一九七五
三宅博士・田中義昭『荒神谷遺跡――古代出雲の「王国」を求めて』読売新聞社、一九九五
森田喜久男『古代王権と出雲』同成社、二〇一四
山本清編『風土記の考古学3――出雲国風土記の巻』同成社、一九九五
和田萃『日本古代の儀礼と祭祀・信仰』下、塙書房、一九九五

Ⅲ　論文

石母田正「古代文学成立の一過程」（『石母田正著作集』第一〇巻所収、岩波書店、一九八九）
井上光貞「国造制の成立」（『史学雑誌』第六〇編第一一号、一九五一）
荊木治恵「出雲国風土記の校訂上の異同について――神道体系本と日本古典文学体系本との比較」（『芸林』第四四編第四号、一九九五）

植垣節也「国引き説話考」(『日本文学』第三〇編第一〇号、一九八一)
上田正昭「古代出雲と日本海文化」(『しまねの古代文化――古代文化記録集』第三号、一九九六)
大浦元彦「『出雲国造神賀詞』奏上儀礼の成立」(『史苑』第四五巻第二号、一九八六)
大川原竜一「律令制下の神賀詞奏上儀礼についての基礎的考察」(『ヒストリア』第二一一号、二〇〇八)
岡田荘司「古代律令神祇祭祀制と杵築大社・神賀詞奏上儀礼」(『延喜式研究』第二五号、二〇〇九)
菊地照夫「出雲国忌部神戸をめぐる諸問題」(『祭祀と国家の歴史学』所収、塙書房、二〇〇一)
菊地照夫「出雲大神の祭祀と物部氏のタマフリ儀礼――神賀詞奏上儀礼成立前史の一考察」(『出雲古代史研究』第一九号、二〇〇九)
熊野高裕「熊野大社史の基礎的研究――連玉神社鎮座論」(『古代文化研究』第九号、二〇〇一)
佐藤雄一「国譲り神話と古代諏訪に関しての先行研究」(『出雲古代史研究』第一六号、二〇〇六)
篠川賢「出雲国造神賀詞奏上儀礼小考」(『日本常民文化紀要』第二三輯、二〇〇三)
宍道正年「国引き神話の再検討――「大漁の支太」からのアプローチ」(『古代文化研究』第六号、一九九八)
関和彦「神宅臣金太理の基礎的考察」(『出雲古代史研究』第一七号、二〇〇七)
千家和比古「出雲大社の、いわゆる神仏習合を伝える絵図の検討」(『古代文化研究』第四号、一九九六)
高嶋弘志「出雲国造の成立と展開」(『出雲世界と古代の山陰』所収、名著出版、一九九五)
高嶋弘志「出雲大社の創建と出雲国造」(『出雲古代史研究』第一六号、二〇〇六)
瀧音能之「国譲り神話の場所をめぐって」(『日本古代史の方法と意義』所収、勉誠出版、二〇一八)
武廣亮平「畿内における「出雲」氏とその性格」(『出雲古代史研究』第一五号、二〇〇五)
田中史生「奈良・平安時代の出雲の玉作」(『出雲古代史研究』第一一号、二〇〇一)

平野卓治「『出雲国風土記』島根郡加賀郷条について――『出雲国風土記』の写本に関する覚書（2）」（『古代文化研究』第五号、一九九七）
松本岩雄「荒神谷遺跡出土の遺物と地域間交流」（『出雲世界と古代の山陰』所収、名著出版、一九九五）
松本岩雄「弥生青銅器の生産と流通――出雲地域出土青銅器を中心として」（『古代文化』第五三巻第四号、二〇〇一）
水野祐「古代出雲と王朝交替論」（『しまねの古代文化』第四号、一九九七）
水林彪「古代天皇制における出雲関連諸儀式と出雲神話」（『国立歴史民俗博物館研究報告』第一五二集、二〇〇九）
米田克彦「考古学からみた出雲玉作の系譜」（『出雲古代史研究』第一九号、二〇〇九）
和田萃「出雲国造と変若水」（『国立歴史民俗博物館研究報告』第一一二集、二〇〇四）
渡辺貞幸「古墳時代の出雲――考古学からみた政治史」（『季刊　明日香風』第二二号、一九八七）

［著者］
瀧音能之（たきおと よしゆき）
1953年北海道生まれ。早稲田大学第一文学部卒業。博士（文学・早稲田大学）。現在、駒澤大学教授。専攻は日本古代史。
著書に、『出雲古代史論攷』（岩田書院）、『風土記から見る日本列島の古代史』（平凡社新書）、『出雲大社の謎』（朝日新書）、『古代出雲を知る事典』（東京堂出版）、『「出雲」からたどる古代日本の謎』（青春出版社）などがある。

風土記と古代の神々
もうひとつの日本神話

発行日———2019年1月16日　初版第1刷
2020年2月16日　初版第2刷
著者————瀧音能之
発行者———下中美都
発行所———株式会社平凡社
〒101-0051 東京都千代田区神田神保町3-29
電話　(03) 3230-6584［編集］
(03) 3230-6573［営業］
振替　00180-0-29639
平凡社ホームページ　http://www.heibonsha.co.jp/
装幀者———大森裕二
ＤＴＰ———矢部竜二
印刷————藤原印刷株式会社
製本————大口製本印刷株式会社

ISBN978-4-582-46912-7　NDC分類番号 210.3
四六判(18.8cm)　総ページ 246